김부식이 들려주는 우리 역사 그림으로 보는 삼국사기

⊙ **사진 제공**

29쪽-천정대(역사 칼럼니스트 김희태), 78쪽-무령왕릉 지석, 석수(국립공주박물관), 79쪽-무령왕릉 금제 장식(국립공주박물관), 159쪽-경주 표암(국가문화유산포털)

국가문화유산포털 홈페이지 : http://www.heritage.go.kr

김부식이 들려주는 우리 역사

그림으로 보는 삼국사기 ❷

개정판 1쇄 발행 2025년 1월 20일

글 김부식 | **엮음** 임지호 | **그림** 송영훈

발행인 오형석
편집장 이미현 | **편집** 정은혜 | **디자인** 이희승
발행처 (주)계림북스
신고번호 제2012-000204호 | **등록일자** 2000년 5월 22일
주소 서울시 마포구 창전로 74 여촌빌딩 3층
대표전화 (02)7079-900 | **팩스** (02)7079-956
도서문의 (02)7079-913
홈페이지 www.kyelimbook.com

ⓒ계림북스, 2025
이 책에 실린 글과 그림, 사진의 무단 전재나 복제를 금합니다.

ISBN 978-89-533-3465-6 74900 | 978-89-533-3463-2(세트)

김부식이 들려주는 우리 역사

그림으로 보는 삼국사기

글 김부식 | 엮음 임지호 | 그림 송영훈

계림북스
kyelimbooks

작가의 말

2천 년 전에 세워진 삼국의 역사가 생생하게 펼쳐집니다!

주몽, 김유신, 을지문덕, 을파소, 최치원 등 우리가 잘 알고 있는 이 인물들은 어떤 일을 했으며 어느 시대에 살았을까요? 광개토 대왕, 진흥왕, 성왕 등 사극에서 흔히 보았던 임금들은 실제로 어떤 업적을 남겼을까요? 이러한 질문에 명쾌하게 답을 주는 책이 바로 〈삼국사기〉예요.

〈삼국사기〉는 지금으로부터 약 2천 년 전 우리나라에 세워진 고구려, 백제, 신라에 대한 이야기를 담은 역사책이에요. 약 7백 년의 역사를 가진 고구려와 백제, 약 천 년의 역사를 가진 신라, 이 세 나라의 왕을 중심으로 여러 인물과 사건에 관한 기록이 담겨 있지요.

〈그림으로 보는 삼국사기〉에서는 김부식이 편찬한 〈삼국사기〉의 내용을 어린이들이 이해하기 쉽도록 핵심 내용들을 풀어 썼어요. 세 나라가 세워지고, 발전하고, 멸망하는 과정에서 등장하는 인물들, 즉 나라를 다스린 역대 임금들과 나라를 위해 싸운 영웅들, 올바른 정책으로 나라에 충성한 신하들과 부모에 효도한 효자들에 이르기까지 수많은 역사 속 인물의 이야기들이 재미있는 그림과 함께 생생하게 펼쳐져요. 그럼 삼국의 역사가 살아 숨 쉬는 〈그림으로 보는 삼국사기〉 속으로 떠나 볼까요?

엮은이 임지호

차례

백제가 세워지고 발전하다

- 십제에서 백제로, 시조 온조왕 ········· 12
  - 고구려를 떠난 비류와 온조 형제
  - 비류의 미추홀, 온조의 위례성
  - 계속된 싸움으로 도읍을 옮겼어요
  - 마한을 정복했어요

삼국사기 배움터 ········· 20
소서노와 또 다른 백제 건국 이야기

- 신라와 처음으로 싸운 제2대 다루왕 ········· 22
  - 백제와 신라가 처음으로 싸운 와산성 전투

- 나라다운 나라를 만들자! 제8대 고이왕 ········· 24
  - 6좌평 16관등제를 실시하고 관복을 만들었어요
  - 율령을 만들어 왕권을 강화했어요

삼국사기 배움터 ········· 28
남당과 정사암

- 영토를 넓힌 정복 군주, 제13대 근초고왕 ········· 30
  - 고구려와 치양에서 전투를 벌였어요
  - 첩자 사기와 태자의 말 발자국
  - 고구려의 고국원왕을 전사시켰어요

- 불교를 받아들인 제15대 침류왕 ········· 36
  - 백제에 처음으로 불교가 들어왔어요

삼국사기 배움터 ········· 38
백제는 중국 요서를 차지했을까?

삼국사기 놀이터 다른 그림 찾기 ········· 40

위기를 겪으며 웅진으로 도읍을 옮기다

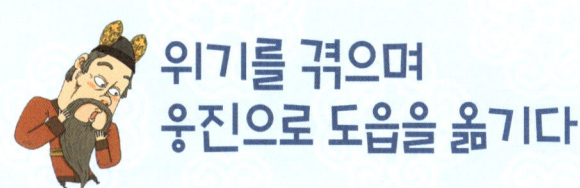

- 강적을 만난 제16대 진사왕과 제17대 아신왕 ··· 44
  - 고구려에 관미성을 빼앗겼어요
  - 의심스러운 진사왕의 죽음과 아신왕의 다짐
  - 광개토 대왕과의 전투에서 한 번도 이기지 못했어요

삼국사기 배움터 ·················· 50
일본에 유교를 전한 아직기와 왕인

- 인질로 살다가 임금이 된 제18대 전지왕 ··· 52
  - 왕위 쟁탈전이 벌어졌어요

- 신라와 손잡은 제20대 비유왕 ·········· 54
  - 신라와 나제 동맹을 맺었어요

- 옛 신하에게 목숨을 잃은 제21대 개로왕 ··· 56
  - 고구려에 대항했어요
  - 도림의 계략
  - 비참한 최후를 맞이했어요

- 웅진으로 도읍을 옮긴 제22대 문주왕 ····· 62
  - 쓸쓸하게 도읍을 옮겼어요
  - 권력을 빼앗기고 암살당했어요

삼국사기 놀이터 알맞은 길 찾기 ········· 66

부흥을 꿈꾸었지만 나당 연합군에게 멸망되다

- 성군에서 폭군으로, 제24대 동성왕 ······· 70
  - 혼란 속에서 왕위에 올라 나라를 안정시켰어요
  - 혼인 동맹으로 고구려의 남진을 막았어요
  - 말년의 폭정으로 백가에게 피살되었어요

- 다시 강한 나라로! 제25대 무령왕 ········ 76
  - 밖으로는 고구려와 싸우고 안으로는 나라를 안정시켰어요

삼국사기 배움터 ·················· 78
화려한 백제 문화를 보여 주는 무령왕릉

- 힘차게 일어나는 백제를 꿈꾼 제26대 성왕 ··· 80
  - 사비로 도읍을 옮겼어요
  - 비극의 관산성 전투

- 빼앗긴 땅을 되찾아라! 제30대 무왕 ······ 84
  - 무왕은 누구일까요?
  - 신라는 나의 적

삼국사기 배움터 ·················· 88
미륵사와 무왕의 실제 왕비

- 백제를 멸망으로 몰고 간 제31대 의자왕 ··· 90
  - 고구려와 손잡고 신라로 쳐들어갔어요
  - 향락에 빠지고 충신의 말을 무시했어요

- 멸망 전에 기이한 일들이 일어났어요

- 백제가 역사 속으로 사라졌어요

- 부여풍과 백제의 부흥 운동

삼국사기 놀이터 알맞은 길 찾기 ·················· 100

세 성씨의 왕조가 이룬 하나의 나라, 신라

- 여섯 부족과 함께 나라를 세운

  시조 혁거세 거서간 ·················· 104

  - 알에서 태어난 아이

  - 신라의 두 성인, 박혁거세와 알영

  - 낙랑군이 침략을 포기하고 돌아갔어요

- 외적으로부터 나라를 지킨 제2대 남해 차차웅 · 110

  - 시조묘를 세웠어요

  - 낙랑과 왜를 물리쳤어요

- 이가 많은 제3대 유리 이사금 ·················· 114

  - 이가 많아 왕이 되었어요

  - 도솔가를 지었어요

  - 관리들의 등급을 17등급으로 나누었어요

  - 한가위의 시초

- **석씨 왕의 시조 제4대 탈해 이사금** ·················· 122

  - 상자를 타고 바다를 건너온 아이

  - 호공의 집

  - 숲에서 닭이 울었어요

  - 알지와 계림

삼국사기 배움터 ·················· 130
가야와 여섯 왕 이야기

- **첫 김씨 왕, 제13대 미추 이사금** ·················· 132

  - 백성의 평안을 바란 첫 번째 김씨 왕

  - 미추왕의 죽엽 군사

삼국사기 놀이터 숨은그림찾기 ·················· 136

김씨 왕조 시대가 열리고 나라다운 모습을 갖추다

- **본격적인 김씨 왕조의 시작, 제17대 내물 이사금** ……… 140
  - 김씨 왕조 시대와 마립간
  - 허수아비 작전
  - 중국에 처음으로 사신을 보냈어요
  - 실성을 고구려에 인질로 보냈어요
  - 광개토 대왕에게 지원군을 요청했어요

- **백제와 손잡은 제19대 눌지 마립간** ……… 150
  - 실성왕의 복수
  - 눌지의 인품과 외모에 감동한 자객
  - 복호와 미사흔을 탈출시켰어요
  - 백제와 나제 동맹을 맺었어요

삼국사기 배움터 ……… 158
실성을 왕위에 올린 화백 회의

- **잦은 침략을 극복한 제20대 자비 마립간** ……… 160
  - 왜군과 고구려군의 침략에 시달렸어요
  - 요새 삼년산성과 일곱 성을 쌓았어요

- **성인으로 존경받은 제21대 소지 마립간** ……… 164
  - 백성을 위한 정치를 했어요
  - 고구려의 계속된 침략과 백제와의 혼인 동맹

- **국호를 정하고 제도를 정비한 제22대 지증 마립간** ……… 168
  - 순장을 금지하고 소를 이용해 농사를 지었어요
  - 나라 이름을 '신라'로 하고 '왕'의 칭호를 사용했어요
  - 우산국을 정벌했어요

삼국사기 놀이터 알맞은 이름 쓰기 ……… 174

삼국사기 놀이터 정답 ……… 176

〈부록〉 백제 왕조 계보

비류와 온조 형제는 고구려를 떠나 새로운 땅을 찾아 나섰어요. 비류는 미추홀에 터를 잡았고, 온조는 위례성에 백제를 세웠지요.
마한의 작은 나라로 출발했던 백제는 마한의 중심 국가가 되었고, 강 유역에 자리를 잡으며 점차 성장해 갔어요. 관등과 관복이 정해지며 빠르게 나라의 모습을 갖추었고, 신라와 고구려에 맞서는 한편 멀리 중국 요서까지 뻗어 나가며 국력을 널리 떨쳤답니다.
지금부터 백제의 역사 속으로 들어가 보아요.

백제가 세워지고 발전하다

십제에서 백제로, 시조 온조왕

고구려를 떠난 비류와 온조 형제

백제를 세운 사람은 온조예요. 온조의 아버지는 고구려를 세운 주몽이고요. 고구려를 세우기 전, 주몽은 북부여에서 일어난 난리를 피해 졸본부여로 왔어요. 졸본부여의 왕은 주몽을 보더니 비범한 사람이라는 것을 알고, 세 딸 중에 둘째 딸을 주몽에게 시집보냈어요. 얼마 후 왕이 죽자, 주몽이 그 뒤를 이었어요. 그리고 두 아들, 비류와 온조를 낳았지요.

백제가 세워지고 발전하다

주몽은 고구려를 세웠고, 두 아들 중 한 명이 왕위를 이을 참이었어요. 그러던 어느 날, 주몽에게 북부여에서 낳은 아들 유리가 찾아왔어요. 주몽이 유리를 태자로 삼자, 비류와 온조 형제는 불안했어요. 유리가 왕이 되면 자신들에게 어떤 일이 생길지 몰랐거든요. 비류와 온조는 서로 얼굴을 쳐다보며 같은 마음으로 말했어요.

"우리 고구려를 떠나 남쪽으로 가자!"

마침내 비류와 온조 형제는 오간과 마려 등, 신하 열 명과 함께 백성들을 이끌고 남쪽으로 향했어요.

아버지 저희는 떠나요~.

우리는 아들이 아니었나?

비류의 미추홀, 온조의 위례성

한산에 도착한 비류와 온조 일행은 살 만한 곳을 살펴보았어요. 비류는 바닷가에서 살고 싶었으나 신하들이 말리며 말했어요.
"강 남쪽의 땅은 북으로는 한강이 띠처럼 흐르고, 동으로는 높은 산이 있으며, 남으로는 기름진 땅이 보이고, 서로는 큰 바다에 막혀 있으니 하늘이 내려 준 장소인 듯합니다. 여기에 도읍을 세우시지요."
하지만 비류는 그 말을 듣지 않고 자신을 따르는 백성들을 데리고 미추홀(인천)에 가서 살았어요.

온조는 자신을 따르는 백성들을 데리고 강 남쪽으로 갔어요. 기원전 18년, 강 남쪽의 위례성★에 도읍을 정하고 나라 이름을 '십제'라고 지었지요. 비류가 선택한 미추홀은 땅이 축축하고 물이 짜서 살기 어려운 곳인 반면, 온조가 세운 위례성은 땅이 기름지고 농작물도 풍족해서 살기 좋은 곳이었어요. 결국 비류의 백성들은 모두 위례성으로 왔어요. 이때 온조는 나라 이름을 '백제'로 바꾸었는데, 이는 백성들이 즐겁게 따랐다는 뜻이에요. 그리고 고구려와 함께 부여에서 나왔다고 해서 성씨를 '부여'로 했어요. 온조왕은 백제를 46년 동안 다스렸어요.

★**위례성** 서울의 풍납 토성, 혹은 몽촌 토성으로 추정해요.

계속된 싸움으로 도읍을 옮겼어요

온조왕이 나라를 세우자, 북쪽에 있던 말갈이 백제를 위협했어요. 온조왕은 말갈에 대항하기 위해 무기를 수리하고 식량을 쌓아 두었지요. 온조왕 3년 가을에 말갈군이 침략했을 땐 직접 군사들을 이끌고 말갈군과 싸워 크게 이겼어요. 이후로도 백제와 말갈은 시시때때로 부딪쳤어요. 백제의 동쪽에 있는 낙랑과의 관계도 문제였어요. 백제가 성을 쌓고 목책을 세우자, 낙랑이 자신들을 침략하려는 것이냐며 문제를 삼았거든요.

★**목책** 적의 침입을 막기 위해 만든 방어 시설이에요.

백제가 세워지고 발전하다

이후 말갈과 낙랑은 힘을 합해 백제를 침략했어요. 그러자 온조왕은 신하들을 불러 말했어요.

"낙랑과 말갈의 공격으로 나라가 편할 날이 없구나. 한강 남쪽에 기름진 땅이 있으니 그쪽으로 도읍을 옮기는 게 좋겠다."

온조왕은 마한 목지국의 진왕에게 도읍을 옮긴다는 것을 알렸어요. 그 당시 백제는 마한에 속해 있는 작은 나라였는데, 나라의 크고 작은 일을 마한의 중심 세력인 목지국에 알려야 했거든요. 기원전 6년, 온조왕은 새로운 도읍에 성과 궁궐을 지었어요.

마한을 정복했어요

기원후 6년, 온조왕이 남쪽 경계인 웅천에 목책을 세우자 마한 왕이 사신을 보내 온조왕을 꾸짖었어요.

"왕이 처음 이곳에 왔을 때, 내가 마한의 동북 100리 땅을 나누어 주었소. 이제 나라가 잘되고 백성들이 모여든다고 우리 땅을 침범하시오?"

그 말에 부끄러워진 온조왕은 목책을 허물었어요.

이렇게 마한과 묘한 신경전을 벌이던 차에 백제의 궁궐에서 우물이 넘치고 도읍의 한 민가에서 말이 소를 낳는 기이한 일이 일어났어요. 머리는 하나에 몸은 둘인 소였어요. 그러자 점치는 사람이 말했어요.

"우물이 넘치는 것은 대왕께서 잘될 징조이고, 머리 하나에 몸이 둘인 소는 이웃 나라를 합친다는 뜻입니다."

이 말에 온조왕은 마한을 정복할 계획을 세웠어요. 8년 겨울, 온조왕은 군사를 이끌고 사냥을 나간 척하다가 마한을 기습했어요. 마한의 원산성과 금현성이 마지막까지 저항했으나 이듬해 멸망하고 말았어요.

★웅천 지금의 안성, 혹은 공주로 추정해요.
★멸망 이때의 멸망은 마한이 완전히 없어진 것이 아니라, 마한의 중심 국가가 목지국에서 백제로 옮겨진 것을 뜻한다고도 해요.

삼국사기 배움터

소서노와 또 다른 백제 건국 이야기

〈삼국사기〉에는 삼국의 시조에 대한 여러 이야기가 기록되어 있어요. 고구려의 경우, '고구려 본기'에서는 주몽이 동부여에서 나와 졸본천에 고구려를 세웠다고 하고, '백제 본기'에서는 주몽이 북부여에서 나와 졸본부여 왕의 딸을 아내로 삼고 왕위를 이었다고 해요. 백제의 경우 시조가 온조라는 기록 외에, '비류'라는 이야기도 있어요. 이 비류 시조설에서 주목할 만한 인물이 있는데, 바로 비류와 온조 형제의 어머니인 소서노예요.

비류 시조설에 따르면, 졸본의 부자였던 소서노는 주몽이 고구려를 세우고 다스리는 데에 많은 도움을 주었어요. 그런데도 주몽은 소서노의 아들이 아닌, 부여에서 온 아들 유리에게 왕위를 물려주었지요. 여기에 불만을 품은 소서노의 아들 비류와 온조가 어머니와 함께 주몽을 떠나 미추홀에 백제를 세웠다고 해요. 한편, 온조 시조설에는 소서노의 이름이 나오지는 않지만 온조왕 13년에 '왕의 어머니가 61세에 세상을 떠났다.'라는 기록이 있어요. 《삼국사기》에 왕의 어머니에 대한 기록이 거의 없다는 것을 보면, 소서노가 고구려뿐만 아니라 백제 건국에도 중요한 인물이었을 것으로 추측할 수 있지요.

신라와 처음으로 싸운 제2대 다루왕

백제와 신라가 처음으로 싸운 와산성 전투

다루왕은 온조왕의 맏아들이에요. 온조왕의 뒤를 이어 28년에 왕위에 올라 50년 동안 백제를 다스렸어요.

다루왕 34년이던 61년, 마한의 장군 맹소가 신라 탈해왕에게 복암성을 바치며 항복하는 사건이 일어났어요. 당시 마한의 중심 국가였던 백제에게는 기분이 좋지 않은 사건이었지요.

백제가 세워지고 발전하다

2년 뒤, 다루왕이 낭자곡성까지 영토를 넓히고 신라에 사신을 보내 탈해왕을 만나려고 했으나 거부당했어요. 그러자 다루왕은 이듬해에 신라의 와산성을 공격해, 백제와 신라 사이에 첫 전투가 벌어졌어요. 이어 구양성도 공격해 신라군과 치열한 공방을 벌였어요. 66년, 마침내 백제군은 와산성을 빼앗았지만 곧바로 신라군에게 밀려났지요. 백제와 신라는 이후로도 40여 년 동안 싸우다가 제3대 임금인 기루왕 때에서야 화해했어요.

★**와산성** 지금의 충북 보은에 있던 것으로 추정해요.

나라다운 나라를 만들자! 제8대 고이왕

6좌평 16관등제를 실시하고 관복을 만들었어요

고이왕은 제4대 임금인 개루왕의 둘째 아들이에요. 제7대 임금인 사반왕은 나이가 어려 나랏일을 보기 힘들어서 곧바로 왕위에서 물러났어요. 그 뒤를 이어 고이왕이 234년에 임금이 되었지요.

고이왕은 왕위에 있던 53년 동안 백제를 나라답게 만드는 데 힘을 기울였어요. 먼저 260년에 벼슬의 등급을 열여섯 개로 나누고 가장 높은 관직인 좌평을 여섯 개로 구분해, '6좌평 16관등제'를 시행했어요.

백제가 세워지고 발전하다

제1품인 좌평은 왕을 도와 나랏일을 맡았던 백제 최고의 벼슬이었어요. 여섯 좌평 중 으뜸인 내신좌평은 왕의 명령을 알리고, 신하의 의견을 왕에게 알리는 일을 했어요. 그리고 내두좌평은 나라의 물자와 창고에 관한 일을, 내법좌평은 예절과 여러 의식에 관한 일을 했지요. 또한 위사좌평은 궁궐을 지키는 병사들에 관한 일을, 조정좌평은 형벌·소송 등에 관한 일을, 병관좌평은 지방의 군사에 관한 일을 했어요.

이어 품계에 따라 관복을 다르게 했는데, 1~6품은 자줏빛 옷에 은으로 만든 꽃으로 관모를 장식했어요. 7~11품은 붉은 옷을, 12~16품은 푸른 옷을 입도록 했어요.

율령을 만들어 왕권을 강화했어요

고이왕은 내신좌평에 동생 우수를 임명해 왕권 강화에 나섰어요. 이듬해 정월 초하루에는 큰 소매가 달린 자줏빛 옷과 푸른 비단으로 만든 바지를 입고, 금으로 만든 꽃으로 장식한 오라관을 쓰고, 하얀 가죽 띠를 두르고, 검은 빛깔의 가죽신을 신고, 남당에 앉아 중요한 나랏일을 보았어요.

백제가 세워지고 발전하다

고이왕은 관리가 잘못한 것에 대한 새로운 처벌을 내렸어요.
"관리가 뇌물을 받거나 남의 물건을 훔치면 그 물건의 세 배를 물어 주도록 하라. 그리고 그 사람은 평생 관리가 될 수 없다."
이처럼 고이왕 때 백제에 율령이 만들어지고 시행되면서, 귀족을 포함한 모든 사람이 법과 제도에 따라야 했어요. 따라서 신하들의 힘은 약해지고 왕권이 강해질 수 있었지요.

삼국사기 배움터

남당과 정사암

신라와 백제에서 왕과 신하들이 모여 나랏일을 의논했던 곳을 '남당'이라고 해요. 나라가 발전하면서 남당은 점차 나라의 중요한 회의나 잔치를 여는 곳으로 바뀌어 갔어요.

249년, 신라에서는 제12대 왕인 첨해왕 때 남당을 만들었어요. 제13대 왕인 미추왕은 나라에 가뭄이 들어 비가 오지 않자 남당에 신하들을 불러 모아 정치와 형벌이 잘되고 있는지를 물었어요. 제19대 왕인 눌지왕은 남당에서 노인들을 위한 잔치를 열어 직접 음식을 대접했지요.

백제에서는 261년에 고이왕이 남당에서 나랏일을 처리했어요. 이후 제24대 왕인 동성왕은 많은 신하와 함께 남당에서 잔치를 열었어요.

백제에는 남당 외에 정치를 의논하고 재상을 뽑는 '정사암 회의'라는 제도가 있었어요. 〈삼국유사〉에 따르면 재상을 뽑을 때 서너 명의 후보 이름을 써서 상자에 넣고 열지 못하도록 한 다음, '정사암'이라는 바위 위에 두었다고 해요. 얼마 후에 상자를 열어 이름 위에 도장 자국이 있는 사람을 재상으로 뽑은 것이지요.

영토를 넓힌 정복 군주, 제13대 근초고왕

아들, 가서 다 박살 내 버려!

고구려와 치양에서 전투를 벌였어요

근초고왕은 체격이 뛰어나고 훌륭했으며, 깊은 분별력을 지닌 인물이었어요. 346년부터 375년까지 30년 동안 왕위에 있으면서 영토를 확장하고 활발한 외교 활동을 펼쳤지요. 이웃 나라인 신라와는 선물을 주고받으며 좋은 관계를 이어 갔어요. 그런데 고구려와는 치양(황해도 배천군)에서 전투를 벌이는 등 사이가 좋지 않았어요.

백제가 세워지고 발전하다

근초고왕 24년이던 369년에 고구려의 고국원왕이 보병과 기병 2만여 명을 이끌고 치양이라는 곳의 민가를 약탈했어요. 치양은 백제의 북쪽 요새로, 이전부터 고구려와 백제가 서로 차지하려고 싸웠던 곳이에요.
근초고왕은 태자에게 군사를 주며 말했어요.
"고구려군을 막고 치양을 꼭 지켜라!"
태자가 군사를 이끌고 치양으로 달려가 고구려군을 맞아 막 싸우려는 순간, 누군가 태자의 앞을 가로막았어요.

첩자 사기와 태자의 말 발자국

태자 앞에 나선 사람은 백제 궁궐에서 임금의 말을 관리했던 사기라는 사람이에요. 그는 이전에 실수로 말발굽에 상처를 내고, 벌을 받을까 봐 고구려로 도망쳤지요. 사기는 이번 전투에 고구려 병사로 참전했다가 마음을 고쳐먹고 몰래 진영을 빠져나와 태자에게 고구려군에 관한 정보를 알려 주었어요.

"고구려군은 대부분 오합지졸에 불과합니다. 그러나 붉은 깃발을 단 부대는 매우 강합니다. 이들만 처치하면 나머지는 저절로 무너질 겁니다."

백제가 세워지고 발전하다

태자는 사기의 말대로 붉은 깃발이 있는 부대를 집중 공격해 크게 승리를 거두었어요. 그리고 도망가는 고구려군을 쫓아갔어요. 그러자 장군 막고해가 태자를 붙잡으며 말했어요.
"이 정도면 충분히 승리한 셈이니, 이만 추격을 멈추십시오."
막고해의 말에 태자는 멈추어 서고는 돌을 쌓아 표시를 하며 말했어요.
"오늘 이후 누가 이곳까지 오겠는가?"
마침 태자가 말을 타고 서 있는 곳에 말발굽 모양의 바위틈이 있었는데, 사람들이 그것을 '태자의 말 발자국'이라고 불렀어요.

야! 우리도 데려 가!

고구려의 고국원왕을 전사시켰어요

근초고왕은 고구려와의 첫 대규모 전투였던 치양 전투에서 승리하고 그해 겨울, 황색 깃발을 하늘 높이 휘날리며 대대적으로 군사를 정비했어요. 2년 뒤인 371년에 고국원왕이 또다시 군사들을 이끌고 백제를 침략했어요. 근초고왕은 패수(예성강)에 군사들을 숨겨 놓고 고구려군이 오기를 기다렸다가, 한꺼번에 들이닥쳐 고구려군을 크게 무찔렀어요.

막 쏴!
그냥 쏴!
때려 부어!

백제가 세워지고 발전하다

이해 겨울, 근초고왕은 태자와 함께 정예 병사 3만여 명을 이끌고 고구려의 평양성을 공격했어요. 마침 평양성에 있던 고국원왕은 필사적으로 백제군의 공격을 막았어요. 두 나라가 치고받는 전투 중에 고국원왕이 백제군의 화살을 맞고 전사했어요. 근초고왕은 평양성을 함락시키지는 못했으나 큰 성과를 거둔 것으로 여기고 군사들을 되돌려 백제로 돌아왔지요.

불교를 받아들인 제15대 침류왕

백제에 처음으로 불교가 들어왔어요

백제는 근초고왕 때부터 중국 동진에 사신을 보내며 좋은 관계를 맺고 있었어요. 침류왕이 즉위하던 해인 384년에는 동진에서 인도 출신의 승려인 마라난타가 백제에 들어왔지요. 마라난타가 백제에 왔다는 소식에 침류왕은 마라난타를 궁궐로 불러 큰 잔치를 베풀며 말했어요.

"나라와 백성을 위해 설법을 전해 주시게."

침류왕은 마라난타가 백성들에게도 설법을 전달해 주기를 바랐어요. 마라난타가 사람들에게 설법을 전하면서, 이때부터 백제에 불교가 전파되기 시작했지요. 이어 침류왕은 한성에 절을 세우는 등, 불교 진흥에 힘썼어요.

★**설법** 불교의 본뜻을 풀어서 알려 주는 것을 말해요.

삼국사기 배움터

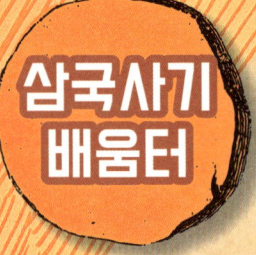

백제는 중국 요서를 차지했을까?

요서 지방은 중국의 랴오허강 서쪽 지역이에요. 백제에서 요서로 가려면 육지로는 고구려를 거쳐야 하고, 바다로는 배를 타고 황해를 건너가야 했어요. 그런데 이 요서가 한때 백제의 땅이었다는 기록이 있어요. 〈송서〉와 〈양서〉 등 중국 역사책에 백제가 요서를 차지했다고 나와 있지요. 학자들은 백제가 요서에 진출했던 시기를, 가장 활발하게 영토를 넓혔던 근초고왕 때로 보고 있어요.

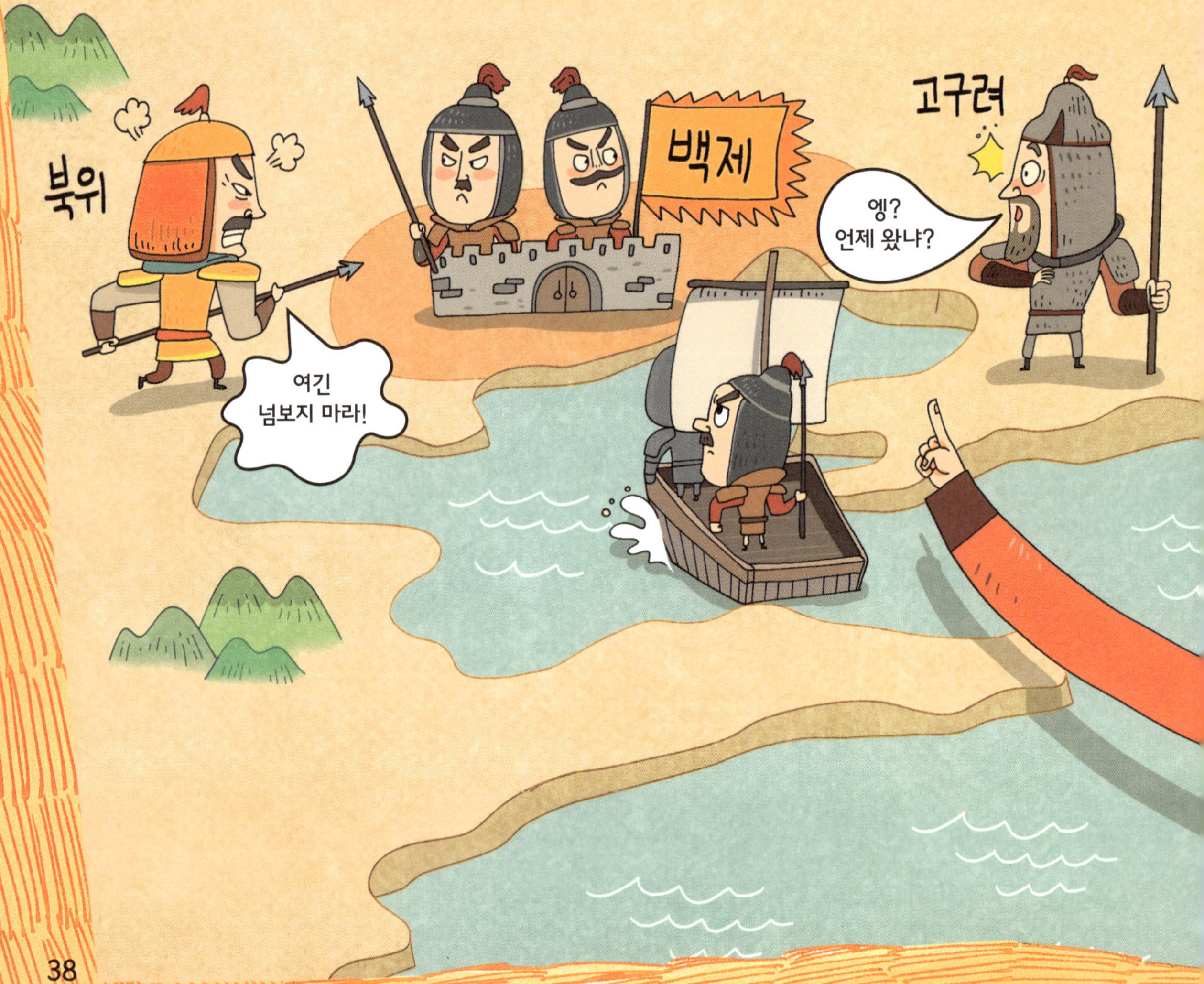

우리나라 역사책에 그러한 기록은 없지만, 〈삼국사기〉에 백제가 요서 지방을 차지했을 것으로 추측할 수 있는 한 구절이 있어요. 488년, 백제의 제24대 왕인 동성왕 때 '북위가 백제를 침략하자 백제군이 물리쳤다.'라는 기록이에요. 북위는 중국의 북조 왕조로, 요서 지방은 북위와 가까웠어요. 따라서 북위가 당시에 백제 땅이었던 요서를 공격했을 것으로 보고, 백제가 한때 중국 요서의 일부라도 차지했던 게 사실일 수도 있다는 것이지요.

★송서·양서 중국의 남북조 시대 때 남조였던 송나라와 양나라에 관해 기록한 역사책이에요.

삼국사기 놀이터

치양 전투에서 승리한 백제 근초고왕은 군사들을 이끌고 고구려의 평양성으로 진격했어요. 평양성을 향하는 두 그림에서 다른 부분 다섯 군데를 찾아 ○해 보세요.

안으로는 왕위 쟁탈전이 벌어지고, 밖으로는 강하게 밀고 내려오는 고구려의 기세에 밀려 백제는 위기를 맞았어요. 신라와 힘을 합쳐 위기를 벗어나려 했지만, 한성과 한강 유역을 고구려에 빼앗기면서 백제는 나라의 운명까지 위태로워졌어요.

백제는 웅진으로 도읍을 옮기고 나라 안을 정비해 옛날의 영광을 되찾으려 했지요. 하지만 백제의 위기는 계속되었어요.

위기를 겪으며 웅진으로 도읍을 옮기다

강적을 만난 제16대 진사왕과 제17대 아신왕

고구려에 관미성을 빼앗겼어요

왕위에 오른 지 2년 만에 침류왕이 갑자기 죽자, 백제 조정은 왕위를 잇는 문제로 어수선했어요. 침류왕에게 아들이 있긴 했지만 나이가 어렸거든요. 결국 385년, 침류왕의 동생인 진사왕이 제16대 임금이 되었어요.

왕위에 오른 진사왕은 백제의 혼란을 틈타 고구려가 공격할지 모른다고 생각했어요. 곧바로 고구려와의 전투에 대비해, 15세 이상의 백성들을 모아 국경 북쪽에 방어 시설을 설치했지요. 진사왕의 예상대로 고구려 고국양왕이 쳐들어왔지만 진사왕은 잘 막아 냈어요.

위기를 겪으며 웅진으로 도읍을 옮기다

진사왕은 전투에서 승리한 뒤부터 사냥을 다니며 궁궐을 호화롭게 꾸미기 시작했어요. 말갈이 국경 북쪽의 성을 공격해 함락시켰는데도 진사왕은 사냥에만 몰두했지요. 그러는 사이, 392년에 고구려의 광개토 대왕이 백제 공격에 나섰어요. 광개토 대왕은 4만여 군사를 이끌고 백제의 석현성 등, 열 개 성을 함락시켰어요. 백제의 북쪽 진출을 위한 중요한 요새였던 관미성까지 고구려에 빼앗겼지요. 그런데도 진사왕은 또 사냥을 나갔다가 그만 원인 모를 이유로 죽고 말았어요.

의심스러운 진사왕의 죽음과 아신왕의 다짐

진사왕은 왕위에 오른 후 6년 동안은 고구려와 강력하게 맞서 싸웠지만, 이후 2년 동안은 사냥을 다니며 고구려의 침공에 대책 없이 보냈어요. 진사왕은 왜 갑자기 나랏일을 소홀히 했고, 왜 갑자기 죽었을까요? 다른 역사책에는 진사왕이 피살되었다고 기록되어 있어요. 아마 백제 왕실에 분란이 일어났고, 결국 진사왕의 죽음으로까지 이어진 게 아니었을까요?

위기를 겪으며 웅진으로 도읍을 옮기다

392년, 진사왕의 뒤를 이어 침류왕의 맏아들 아신왕이 왕위에 올랐어요. 이듬해에 아신왕은 국방을 담당하던 장군 진무에게 말했어요.
"우리의 북쪽 요새 관미성을 반드시 되찾아야 한다!"
진무는 1만여 명의 군사를 이끌고 관미성을 포위했어요. 진무는 관미성을 되찾고자 하는 아신왕의 절실한 마음을 알았기에, 병사들보다 앞장서서 공격에 나섰지요. 그런데 고구려군은 성문을 굳게 닫고 방어만 했어요. 결국 백제군은 관미성까지 군량을 나르는 것이 어려워 물러나고 말았어요.

광개토 대왕과의 전투에서 한 번도 이기지 못했어요

아신왕은 너무 강력한 상대를 만났어요. 바로 아신왕과 비슷한 시기에 왕위에 오른 고구려의 광개토 대왕이지요. 아신왕은 고구려와의 첫 전투였던 관미성 싸움에서 패한 뒤, 394년에 고구려가 점령하고 있던 수곡성을 공격했으나 역시 패하고 말았어요.

395년 가을, 진무가 이끄는 백제군과 광개토 대왕이 직접 이끄는 고구려군이 패수에서 맞붙었어요. 이 전투에서 백제군은 고구려군에 패해 8천여 명이 전사했어요. 겨울이 되자 아신왕은 복수를 위해 직접 공격에 나섰지만, 많은 눈이 내려 병사들이 동상으로 죽는 바람에 후퇴하고 말았어요.

위기를 겪으며 웅진으로 도읍을 옮기다

397년, 아신왕은 태자인 전지를 왜에 보내 좋은 관계를 맺었어요. 고구려와 계속 싸우려면 왜의 도움이 필요했기 때문이에요. 이듬해에는 국경 근처에 성을 새로 쌓고 다시 고구려를 공격하기 위해 군사를 출동시켰어요. 그런데 그날 밤, 백제군 진영에 큰 별이 떨어지며 소리가 났어요.
"별이 떨어지다니! 이게 대체 무슨 일이야?"
불길한 징조라며 백제군 진영이 술렁거리자 하는 수 없이 아신왕은 군대를 돌렸어요. 이렇게 아신왕은 광개토 대왕과의 싸움에서 한 번도 이기지 못한 채, 왕위에 오른 지 14년 만에 세상을 뜨고 말았어요.

삼국사기 배움터

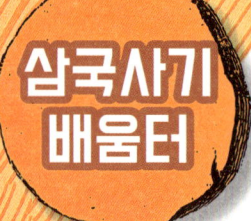

일본에 유교를 전한 아직기와 왕인

아직기와 왕인은 백제 사람이에요. 두 사람은 우리나라 역사책이 아닌 일본 역사책에 기록된 인물들이에요.

기록에 따르면 아신왕은 말 두 필을 왜에 선물하면서 말 기르는 사람인 아직기를 함께 보냈어요. 왜왕은 말도 잘 기르면서 학문도 뛰어난 아직기를 태자의 스승으로 삼았지요.

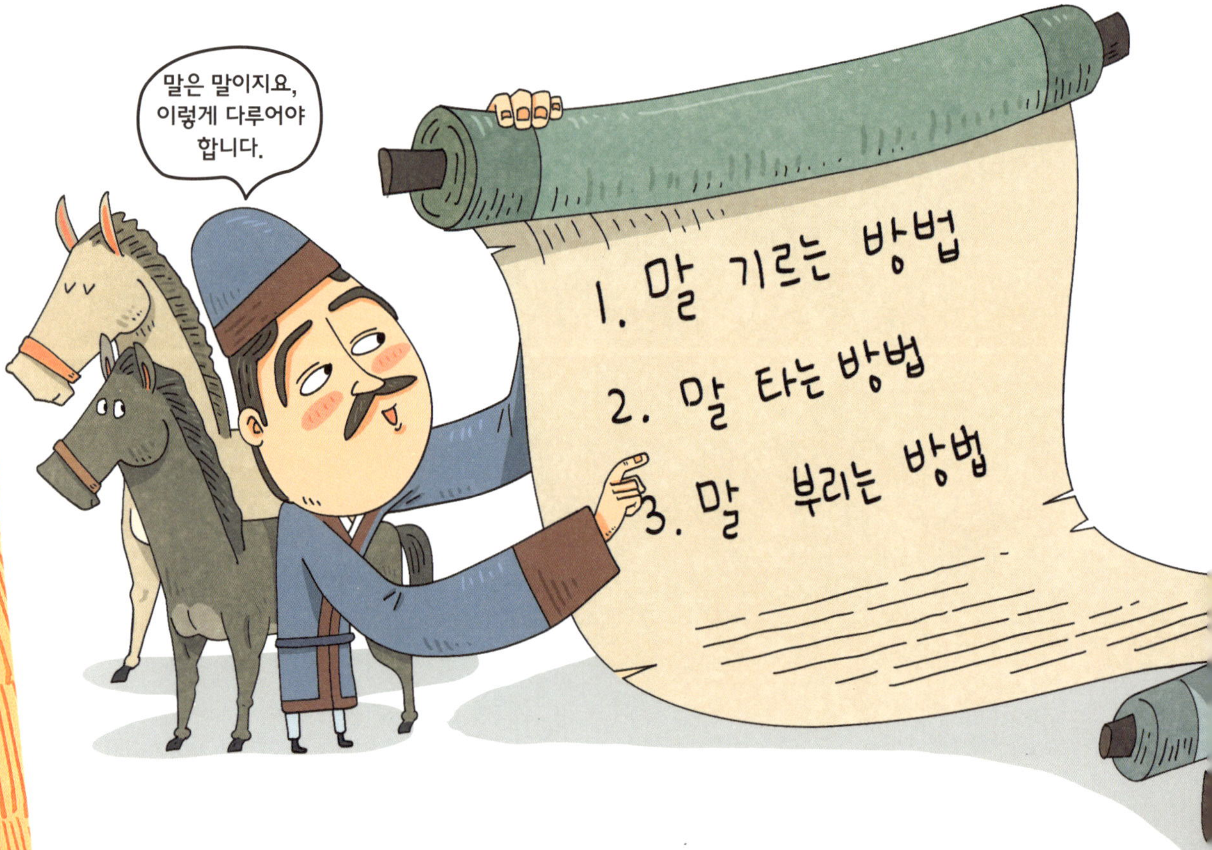

그러던 어느 날, 왜왕이 아직기에게 물었어요.
"혹시 백제에 당신보다 뛰어난 박사가 있습니까?"
아직기는 왜왕에게 대답했어요.
"백제에 왕인 박사라는 훌륭한 학자가 있습니다."
이듬해 봄에 왜왕은 왕인을 왜로 초청해, 왕인 역시 태자의 스승으로 삼았어요. 〈논어〉와 〈천자문〉을 가지고 간 왕인은 태자에게 경전을 해석하고 설명해 주는 데 막힘이 없었지요. 왕인은 남은 평생을 왜에서 보내면서 백제의 문화를 전하기도 했어요.

인질로 살다가 임금이 된 제18대 전지왕

왕위 쟁탈전이 벌어졌어요

태자 전지를 왜에 인질로 보낼 만큼 왜와 좋은 관계를 맺으며 고구려를 이기고 싶었던 아신왕은 끝내 고구려를 이기지 못한 채 405년, 세상을 뜨고 말았어요. 왜에서 아신왕의 소식을 들은 전지는 매우 슬퍼하며 왜왕이 보내 준 호위 군사 100명과 함께 백제로 떠났어요.

백제에서는 아신왕의 둘째 동생 훈해가 전지를 기다리며 왕위를 지키고 있었어요. 그런데 아신왕의 막냇동생 설례가 왕위를 노리고 반란을 일으켰어요. 결국 설례는 훈해를 죽이고 왕위에 올랐지요.

드디어 내 자리로 돌아갈 때인가!

위기를 겪으며 웅진으로 도읍을 옮기다

해충이라는 신하가 전지가 머물던 섬에 급히 와서 말했어요.
"설례가 왕위를 빼앗았습니다. 여기서 잠시 머물다가 정리되면 오십시오."
마침내 왕실에서는 왕위를 지키려는 설례 측과 빼앗으려는 전지와
해충 측의 한바탕 싸움이 벌어졌어요. 이 싸움에서 해충은 설례를 죽이고
전지를 왕으로 올렸어요. 이로써 전지는 제18대 임금이 되었지요.
왕위에 오른 전지왕은 해씨 가문 사람들을 높은 자리에 임명하는 한편
상좌평이라는 관직을 새로 만들어 자신의 이복동생을 임명해 해씨 가문을
견제하기도 했어요.

★상좌평 좌평들 가운데 가장 높은 좌평으로, 왕 다음으로 높은 자리예요.

신라와 손잡은 제20대 비유왕

신라와 나제 동맹을 맺었어요

백제는 고구려와 신라의 관계에 따라 신라와 동맹을 맺기도 하고 전쟁을 치르기도 했어요. 근초고왕 때는 신라에 사신을 보내 말 두 필을 선물하는 등 좋은 관계를 맺었다가, 아신왕 때는 신라 내물왕이 고구려 광개토 대왕과 사이가 가까워지자 왜, 가야와 함께 신라를 공격했지요. 그러던 중, 백제와 신라가 다시 손을 잡을 일이 생겼어요.

위기를 겪으며 웅진으로 도읍을 옮기다

비유왕이 즉위하던 427년, 고구려 장수왕이 평양으로 도읍을 옮겼어요.
장수왕의 평양 천도는 고구려가 남쪽으로 진출하겠다는 선언이나
마찬가지였지요. 그러자 비유왕은 사신을 보내며 외교 활동에 나섰어요.
433년에는 신라에 화친을 청하고 이듬해에는 신라 눌지왕과 선물을
주고받으며 '나제 동맹'을 맺었어요.
이후 두 나라는 고구려가 한 나라를 공격하면 서로 힘을 모아 물리쳤어요.

옛 신하에게 목숨을 잃은 제21대 개로왕

고구려에 대항했어요

개로왕은 즉위하자마자 고구려 장수왕의 남진 정책에 대항했어요. 송나라에 사신을 보내 좋은 관계를 이어 나가는 한편, 군사력을 키워 고구려의 남쪽 국경을 공격하기도 했지요. 이어 개로왕은 중국의 북위에 처음으로 사신을 보내 고구려를 같이 공격하자는 뜻을 전하기도 했어요. 일부 신하들이 반대했지만, 개로왕은 반대하는 신하들을 내쫓아 버렸어요.

위기를 겪으며 웅진으로 도읍을 옮기다

한편, 개로왕의 계획을 눈치챈 장수왕은 백제를 공격하기로 마음먹었어요. 하지만 곧바로 공격하기는 어려웠어요. 백제도 고구려를 공격할 준비를 하고 있었거든요. 게다가 장수왕이 신라의 성을 빼앗는 등, 고구려는 신라와 관계가 좋지 않았어요. 반면에 백제는 신라와 나제 동맹을 맺은 사이여서 함께 공격할 게 뻔했지요.

고민 끝에 장수왕은 계략을 짜서 백제를 공략하기로 했어요. 그리고 은밀히 백제에 도림이라는 승려를 첩자로 보냈어요.

위기를 겪으며 웅진으로 도읍을 옮기다

"이러다 우리 멸망하는 거 아니야?"

"백제는 하늘이 내려 준 요새입니다. 그런데 성과 궁궐은 수리도 되어 있지 않고, 선왕의 유골은 임시로 묻혀 있으며, 강물이 넘쳐 백성들의 집은 무너져 있으니, 아쉬울 따름입니다."

그의 말에 개로왕은 백성들을 동원해 성과 궁궐을 화려하게 짓고, 아버지 비유왕의 무덤을 만들고, 강둑을 길게 쌓는 등 나랏돈을 펑펑 썼어요. 결국 국고는 텅텅 비고 말았지요. 이를 확인한 도림은 몰래 고구려로 돌아갔어요.

비참한 최후를 맞이했어요

고구려로 간 도림은 장수왕에게 말했어요.

"개로왕이 제 말에 속아 나랏돈을 몽땅 써 버렸습니다. 지금 공격하면 반드시 승리할 것입니다."

도림의 말에 장수왕은 크게 기뻐하며 백제를 공격했어요. 그제야 도림에게 속은 것을 안 개로왕은 아들 문주에게 말했어요.

"내가 어리석어 간사한 자의 말에 속아 넘어갔구나. 난 여기서 죽더라도 너는 꼭 살아남아 왕위를 잇도록 하라."

문주는 신하들과 함께 남쪽으로 피했어요.

위기를 겪으며 웅진으로 도읍을 옮기다

개로왕 21년이던 475년, 장수왕은 직접 3만여 군사를 이끌고 한성을 포위했어요. 고구려군 중에 재증걸루와 고이만년이라는 두 명의 장군이 백제 공격에 앞장섰어요. 개로왕에게 내쫓겨 고구려로 도망갔던 백제의 옛 신하였지요. 고구려군은 불을 지르며 공격해 한성의 북쪽 성을 7일 만에 함락시켰고, 두 장군은 성을 빠져나와 말을 타고 도망가는 개로왕을 끝까지 쫓아가 붙잡았어요. 그리고 말에서 내려 개로왕에게 절을 한 다음, 왕의 얼굴에 침을 세 번 뱉고서는 밧줄로 묶어 아차성 아래로 끌고 가 죽였어요.

웅진으로 도읍을 옮긴 제22대 문주왕

쓸쓸하게 도읍을 옮겼어요

개로왕이 왕위에 있을 때 태자 문주는 상좌평에 있으면서 아버지를 도왔어요. 고구려군이 쳐들어 와 한성을 포위했을 당시에는 개로왕의 명령에 따라 신라로 달려가 구원군을 요청했지요. 문주가 신라군 1만여 명과 함께 한성에 돌아왔을 땐, 고구려군은 물러났지만 이미 성은 불타고 아버지 개로왕은 죽은 뒤였어요.

위기를 겪으며 웅진으로 도읍을 옮기다

문주는 개로왕의 뒤를 이어 제22대 임금이 되었어요. 불타 버린 한성에 더 이상 있을 수 없었던 문주왕은 왕위에 오른 475년 겨울에 서둘러 웅진(충남 공주)으로 도읍을 옮겼어요. 그리고 이듬해 대두산성을 쌓아 한강 이북에 살던 백성들을 옮겨 와 살도록 했어요.

권력을 빼앗기고 암살당했어요

웅진으로 도읍을 옮긴 후 문주왕은 병관좌평을 새로 임명하고 궁실을 수리하는 등, 빠르게 나라를 안정시키려고 했어요. 하지만 신하와 백성 들은 나라를 멸망 위기까지 몰고 간 왕실을 믿지 못했어요. 결국 왕권은 약해졌고, 조정은 병관좌평인 해구를 중심으로 한 해씨 가문에 의해 좌우되었어요. 문주왕은 동생 곤지를 내신좌평에 임명하고 맏아들 삼근을 태자로 삼는 등, 왕실의 힘을 키우려고 했어요. 그런데 곤지가 내신좌평에 오른 지 3개월 만에 죽고 말았어요.

위기를 겪으며 웅진으로 도읍을 옮기다

오늘따라 유난히 조용~하네.

기세등등해진 해구가 제 마음대로 법을 행사하며 왕을 무시했어요. 권력을 잃은 문주왕은 아무것도 못 했지요. 밖으로는 고구려에 패해 어지러운 데다가 안으로는 왕권이 추락하고 법이 무시되는 혼란이 계속되는 가운데, 문주왕은 사냥을 나갔다가 해구가 보낸 자객에게 암살당하고 말았어요. 왕위에 오른 지 3년 만이었지요.

고구려에 한성을 빼앗기고 왕이 신하에게 피살되는 등 나라 안팎으로 혼란이 있었지만, 백제는 이를 이겨내며 새로운 시작을 꿈꾸었어요. 성왕이 사비로 도읍을 옮긴 뒤에는 다시 전성기를 맞는 듯했지요.
그런데 이번에는 신라가 백제의 앞길을 막았어요. 백제와 신라의 전쟁은 끊이지 않았고, 신라는 당나라와 연합해 사비성을 무너뜨렸어요.
결국 찬란했던 백제의 역사는 막을 내렸어요.

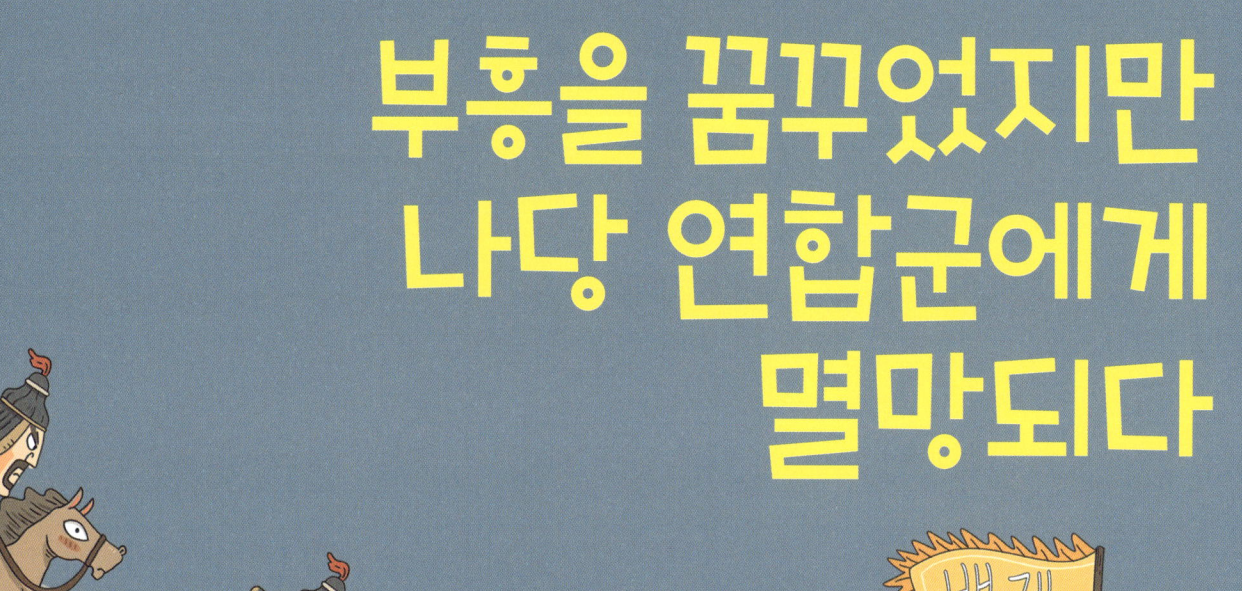

부흥을 꿈꾸었지만 나당 연합군에게 멸망되다

성군에서 폭군으로, 제24대 동성왕

혼란 속에서 왕위에 올라 나라를 안정시켰어요

문주왕이 해구에게 피살된 후, 문주왕의 맏아들 삼근왕이 왕위에 올랐어요. 삼근왕 역시 허수아비 왕이었고, 모든 권력은 해구가 쥐고 있었어요. 그러자 해구에 반대하는 세력이 나타났고, 불안해진 해구는 반란을 일으켰어요. 반대 세력인 진씨 가문의 덕솔★ 진로는 병사 500여 명을 이끌고 해구의 반란을 잠재웠어요. 그리고 조정은 진씨 가문의 손에 넘어갔지요. 이후 삼근왕이 재위 3년 만에 죽자, 문주왕의 조카인 동성왕이 왕위에 올랐어요.

★**덕솔** 16관등 중에서 넷째 등급의 관직이에요.

부흥을 꿈꾸었지만 나당 연합군에게 멸망되다

동성왕은 즉위 초기 혼란한 조정을 안정시키기 위해 진로를 병관좌평에 임명했어요. 그리고 진씨 가문이 권력을 독점하지 못하도록, 백씨와 연씨 가문의 백가와 연돌을 각각 위사좌평과 달솔에 임명했어요. 한편, 안으로는 우두성 등 여러 성을 쌓아 외적의 침입에 대비했고, 밖으로는 중국 남조와 신라에 사신을 보내며 외교에 힘썼어요. 동성왕은 혼란 속에서 왕위에 올랐지만, 점차 나라를 안정시켜 갔어요.

혼인 동맹으로 고구려의 남진을 막았어요

동성왕 15년이던 493년, 왕은 신라의 소지왕에게 사신을 보내 말했어요.

"고구려에 대항하기 위해 두 나라가 혼인으로 더욱 굳은 관계를 맺는 것이 어떻겠습니까?"

소지왕도 흔쾌히 승낙하여 신라의 왕족인 이찬 비지의 딸을 동성왕과 혼인시켰어요.

부흥을 꿈꾸었지만 나당 연합군에게 멸망되다

혼인 동맹 이후 백제와 신라는 힘을 모아 고구려의 남진을 막았어요. 494년 가을, 고구려군과 신라군이 싸우다 신라군이 패해 견아성으로 후퇴했을 때였어요. 고구려군이 견아성을 포위하자, 동성왕은 백제군 3천여 명을 보내 신라군을 구해 주었어요. 495년에는 고구려가 백제의 치양성을 공격했어요. 그러자 소지왕이 장군 덕지가 이끄는 구원군을 보냈고, 백제군은 신라군과 함께 고구려군을 물리쳤지요.

말년의 폭정으로 백가에게 피살되었어요

동성왕 21년이던 499년, 백제에 극심한 가뭄이 들었어요. 게다가 전염병까지 돌아 백성들은 고통을 받았지요. 신하들은 국고에 있는 곡식으로 백성들을 구제하자고 했으나 동성왕은 이를 무시했고, 결국 2천여 명이나 되는 백성들이 고구려로 도망갔어요. 이듬해 동성왕은 신하들의 반대에도 불구하고 대궐 동쪽에 임류각이라는 누각을 세워 신기한 동물들을 길렀어요. 그리고 자신과 친한 신하들 외에는 궁 안에 들이지도 않았어요.

부흥을 꿈꾸었지만 나당 연합군에게 멸망되다

계속해서 가뭄이 들고 서리가 내리는 등, 자연재해가 일어나
민심이 좋지 않았어요. 그런데도 동성왕은 점점 충직한 신하와
백성 들과는 멀어지는 행동을 일삼았지요.
501년 눈이 많이 내리던 겨울, 동성왕은 사냥을 나갔다가 근처 마을에서
하루를 묵었어요. 그날, 한때 동성왕의 측근이었던 위사좌평 백가가
은밀히 자객을 보내 동성왕을 칼로 찔러 죽이고는 가림성에서
반란을 일으켰어요.

나랑 친하게 지내!

다시 강한 나라로! 제25대 무령왕

밖으로는 고구려와 싸우고 안으로는 나라를 안정시켰어요

동성왕이 피살되자 동성왕의 둘째 아들인 무령왕이 501년에 왕위에 올랐어요. 무령왕은 곧바로 군사를 이끌고 가 백가의 반란을 잠재웠지요. 무령왕 때 백제는 개로왕 때 빼앗긴 한강 유역을 되찾기 위해 고구려, 말갈과의 싸움이 잦았어요. 무령왕은 즉위 초부터 군사를 보내 고구려를 공격했어요. 507년에는 무령왕이 직접 군사를 이끌고 가서 고구려와 말갈 연합군의 공격을 물리치기도 했어요. 512년에는 기병 3천여 명으로 많은 수의 고구려군을 무찌르기도 했지요.

부흥을 꿈꾸었지만 나당 연합군에게 멸망되다

"천하무적 백제의 힘을 보여 주어라!"

고구려와 싸우는 와중에도 무령왕은 나라의 안정을 위해 노력했어요. 가뭄, 흉년과 전염병으로 백성들이 힘들어하자 국고의 곡식으로 돕는 한편, 제방을 수리하고 백성들에게 농사를 장려하며 생활을 안정시켰어요. 또한 중국 양나라에 사신을 보내 백제가 이전과는 달리 강한 나라가 되었다고 편지를 보내기도 했어요.

화려한 백제 문화를 보여 주는 무령왕릉

무령왕릉은 충남 공주시 송산리 고분군에 있는 무령왕과 왕비의 무덤이에요. 1971년에 고분군의 무덤을 수리하는 공사를 하다가 우연히 무령왕릉이 발견되었어요. 무덤 안에서 발견된 지석에는 무령왕의 생전 이름인 사마왕이 새겨 있어, 이 무덤의 주인공이 무령왕임이 밝혀졌지요.
무령왕릉에서는 모두 108종 4600여 점의 유물이 발견되었는데, 무령왕과 무령왕비의 금제 관식, 금제 뒤꽂이, 금귀걸이 등 백제의 화려한 문화를 알 수 있는 유물이 많이 나왔어요. 그 밖에 무덤을 지키도록 만든 상상의 동물 석수와 청동으로 만든 여러 거울, 도자기 등잔 등도 발견되었어요.

★**지석** 무덤 주인에 관한 내용을 적어 함께 묻은 돌로 된 판이에요.

석수가 이 무덤을 지켜 줬군!

지석 무덤의 주인을 알려 주는 지석

석수 무덤을 지키는 석수, 진묘수

힘차게 일어나는 백제를 꿈꾼 제26대 성왕

사비로 도읍을 옮겼어요

백제는 새로운 도읍인 웅진에서 신하들의 반란 등, 많은 어려움을 겪었어요. 하지만 동성왕과 무령왕이 나라를 안정시켰고, 그 뒤를 이어 523년에 왕위에 오른 성왕이 백제를 더욱 발전시켰지요.

성왕은 먼저 웅진에서 사비(부여)로 도읍을 옮기고, 나라 이름을 남부여로 바꾸었어요. 남부여는 백제의 뿌리가 고구려이고 고구려는 부여에서 나왔다는 뜻이에요. 이것은 전통 있는 부여족 출신이라는 자긍심을 백성들에게 심어 주고, 왕실의 본모습을 확실하게 하기 위함이었어요.

부흥을 꿈꾸었지만 나당 연합군에게 멸망되다

사비로 도읍을 옮긴 후, 성왕은 중앙과 지방의 행정 체계를 정리해 나라의 틀을 바로잡았어요. 그리고 양나라에서 모시박사와 불교 경전인 열반경을 해설한 책 등을 들여와 유학과 불교 문화를 크게 발전시켰지요.

한편, 성왕은 불교 문화를 왜에 전하기도 했어요. 일본의 오래된 역사책 중 하나인 〈일본서기〉에 따르면, 552년에 노리사치계가 성왕의 명을 받아 왜에 불상과 불경을 전해 주었다고 해요.

★**모시박사** 유학 경서이자 중국에서 가장 오래된 시집인 〈시경〉에 대해 지식이 많은 사람을 말해요.

비극의 관산성 전투

성왕은 개로왕 때 고구려에 빼앗긴 한강 유역을 되찾기 위해 힘썼어요. 즉위 초부터 고구려와 밀고 밀리는 전투를 많이 했지요.

성왕은 신라와 좋은 관계를 유지하며 고구려의 공격을 함께 막아 냈어요. 548년에 고구려가 백제의 독산성을 공격하자, 성왕의 요청에 따라 신라 진흥왕이 군사 3천여 명을 보냈지요.

부흥을 꿈꾸었지만 나당 연합군에게 멸망되다

두 나라가 협력한 결과, 백제와 신라는 마침내 고구려가 점령했던 한강 유역을 되찾아 사이좋게 나누어 가졌어요. 그런데 553년에 백제가 방심한 틈을 타, 신라에서 한강 유역을 모두 차지해 버렸어요.
화가 난 성왕은 대가야와 손을 잡고 신라의 관산성을 공격했으나, 전투에서 패하고 신라 복병들의 공격에 전사하고 말았지요.
성왕의 비극적인 죽음으로 백제는 부흥의 불길이 점차 사라져 갔어요.

★관산성 지금의 충북 옥천군 근처에 있었던 성이에요.

빼앗긴 땅을 되찾아라! 제30대 무왕

무왕은 누구일까요?

〈삼국유사〉에는 '서동과 선화 공주' 이야기가 있어요. 연못가 집 과부의 아들로 태어난 서동이 신라 진평왕의 딸 선화 공주를 노래로 꾀어 만났고, 결국에는 백제의 왕이 된다는 내용이에요. 이 이야기의 주인공이 바로 백제의 제30대 임금인 무왕이에요.

그런데 실제로 무왕은 이 이야기처럼 왕궁이 아닌 민가에서 과부의 아들로 태어났을까요? 그리고 선화 공주와 결혼했을까요? 안타깝게도 〈삼국사기〉에는 무왕이 어떻게 태어났는지, 선화 공주가 누구인지 기록이 없어서 이 이야기가 진실인지 거짓인지조차 확실히 알 수 없어요.

부흥을 꿈꾸었지만 나당 연합군에게 멸망되다

실제로 무왕이 누구의 아들인지는 역사책마다 다르게 기록되어 있어요. 〈삼국사기〉에는 제29대 임금인 법왕의 아들로, 중국 역사책에는 제27대 임금인 위덕왕의 아들로 나와, 무왕은 출생부터 확실하지 않아요. 게다가 앞선 제28대, 제29대 임금인 혜왕과 법왕이 각각 2년도 채 안 되는 짧은 기간 동안 왕위에 있다가 세상을 떠났어요. 정확히 알 수는 없지만 이 시기에 왕실에서 어떤 일이 일어난 듯해요. 그러한 와중에 무왕은 600년에 왕위에 올라, 42년 동안 백제를 다스렸어요.

신라는 나의 적

'서동과 선화 공주' 이야기처럼 백제와 신라는 가까웠을까요? 아니에요. 오히려 아주 적대적인 관계였지요. 백제에게 신라는 성왕을 죽인 원수였기 때문에 무왕은 즉위 초기에 신라의 아막산성을 공격하는 것을 시작으로, 재위 42년간 신라를 십여 차례 공격했어요.

무왕 28년이던 627년에 당나라 황제가 무왕에게 보낸 편지에도 백제와 신라가 얼마나 사이가 나빴는지 나타나 있어요. 편지에는 '백제와 신라는 이만 싸움을 그치고 화목하라.'라고 쓰여 있었지요.

부흥을 꿈꾸었지만 나당 연합군에게 멸망되다

한편, 무왕이 왕위에 올랐을 때는 고구려와 중국 수나라가 한바탕 전쟁을 치른 뒤였어요. 무왕은 두 나라 사이가 나쁜 것을 이용해, 수나라 황제에게 사신을 보내 함께 고구려를 공격하자고 요청했어요. 하지만 정작 수나라가 고구려를 침략하자, 무왕은 말로만 수나라에 협조한다고 하면서 슬그머니 뒤에서 지켜보기만 했어요. 고구려보다는 신라를 공격하는 것이 먼저였기에, 굳이 고구려와 사이를 나쁘게 만들 필요가 없었지요.
이후로도 무왕은 신라 공격에 힘을 기울인 반면, 고구려와 새로 등장한 중국의 당나라와는 사이좋게 지냈어요.

삼국사기 배움터

미륵사와 무왕의 실제 왕비

〈삼국유사〉에는 미륵사가 지어진 배경에 관한 이야기가 있어요. 어느 날 선화 공주와 무왕이 수레를 타고 가는데 연못에서 미륵삼존이 나타났어요. 그것을 보고 선화 공주가 말했어요.

"이곳에 절을 세워 주세요. 제 소원이에요."

무왕은 선화 공주의 소원대로 연못을 메운 다음 절을 세웠어요. 이 절이 전북 익산에 있는 미륵사예요. 지금은 터만 남아 있지만, 미륵사는 백제의 절 가운데 가장 규모가 컸어요.

미륵사에는 세 기의 탑이 있었는데, 현재 '익산 미륵사지 석탑'이라고 불리는 서쪽의 탑만 남아 있어요.

1400여 년을 지나오면서 익산 미륵사지 석탑이 쓰러질 위기에 놓이자 문화재위원회에서 탑을 해체하고 수리하기로 했어요. 2009년, 탑을 해체하다가 탑의 1층에서 미륵사를 세운 사람과 세운 목적이 쓰인 글이 발견되었어요. 글에는 '무왕 40년에 왕후인 사택적덕의 딸이 무왕이 오래 살기를 기원한다.'라고 적혀 있었어요. 이를 통해 무왕 말년의 실제 왕비는 선화 공주가 아니라 당시 익산 지방의 귀족이었던 사택씨 가문의 여성임이 밝혀졌지요.
그렇다면 선화 공주는 단지 이야기 속 인물일까요? 아니면 〈삼국사기〉에 기록되지 않은 왕비일까요? 선화 공주가 누구인지는 아직 밝혀지지 않고 있답니다.

★ **미륵삼존** 법당에서 주로 볼 수 있는 세 보살을 말해요.

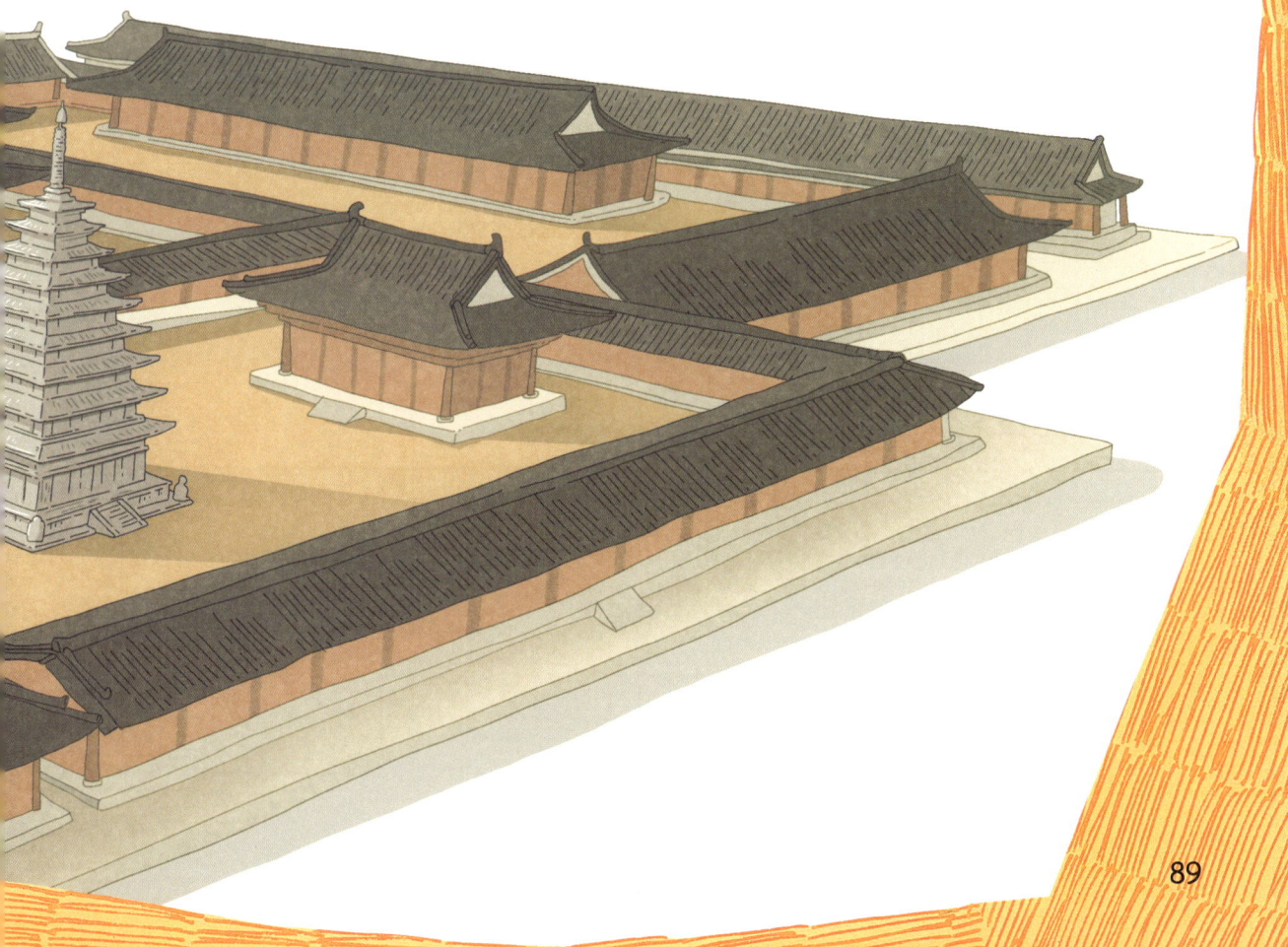

백제를 멸망으로 몰고 간 제31대 의자왕

고구려와 손잡고 신라로 쳐들어갔어요

641년에 의자왕이 왕위에 올랐어요. 무왕의 맏아들이었던 그는 용감하고 대담하며 결단력이 있었어요. 게다가 효심과 우애가 깊어 해동증자라고 불렸지요.

의자왕은 즉위 초부터 지방을 돌아다니며 백성들을 위로하고 많은 죄수를 사면해 주었어요. 그리고 당나라에 사신을 보내며 좋은 관계를 맺었어요. 그러나 신라에는 무왕에 이어 적대적인 태도를 보였어요.

부흥을 꿈꾸었지만 나당 연합군에게 멸망되다

의자왕은 직접 군사들을 이끌고 신라를 공격해 미후성 등 40여 성을 함락시켰고, 장군 윤충은 1만여 군사를 이끌고 신라 대야성을 공격했지요. 이때 대야성 성주인 김춘추의 사위 김품석이 항복했으나, 윤충은 품석과 김춘추의 딸을 죽이고 포로 1천여 명을 사로잡았어요. 이듬해, 의자왕은 고구려와 함께 신라의 당항성을 공격했어요. 하지만 신라 선덕 여왕이 당나라에 구원군을 요청하는 바람에 공격을 멈추고 군사들을 철수시켰지요.

★**해동증자** 증자는 공자의 제자로, 효심이 깊은 학자였어요. 의자왕도 학식과 효심이 깊어 '바다 동쪽의 증자'라는 뜻의 해동증자로 불렸어요.

향락에 빠지고 충신의 말을 무시했어요

백제는 계속해서 신라를 공격했고, 두 나라의 싸움은 끊이지 않았어요. 당나라 황제 고종은 의자왕에게 신라에 대한 공격을 멈추고 빼앗은 성을 돌려주라고 했어요. 그렇지 않으면 백제를 공격하겠다고 경고했지요. 하지만 의자왕은 고종의 경고를 무시한 채 655년에 고구려, 말갈과 함께 신라를 공격해 30여 성을 함락시켰어요.

부흥을 꿈꾸었지만 나당 연합군에게 멸망되다

의자왕은 이즈음 궁녀들과 술을 마시며 향락에 빠졌어요. 좌평 성충이 그러지 말 것을 간청했지만, 의자왕은 괘씸하다며 성충을 감옥에 가두었지요. 성충은 감옥에서도 의자왕에게 글을 써서 올렸어요.

"전쟁이 일어나면 육지로는 탄현★을 통과하지 못하도록 하시고, 수군은 기벌포★의 언덕으로 들어오지 못하도록 하십시오."

하지만 의자왕은 성충의 말을 무시했어요.

★**탄현** 지금의 충청남도 금산군 일대로 추정해요. 신라 침입에 대비해 방어 시설을 만든 요충지예요.
★**기벌포** 지금의 충남 서천 지역을 말해요. 백제의 도읍인 사비로 들어오는 길목이에요.

멸망 전에 기이한 일들이 일어났어요

백제에 이상한 일들이 일어났어요. 의자왕 17년이던 657년 여름, 큰 가뭄이 들어 논밭이 붉게 변했어요. 2년 후인 659년에는 여우 떼가 궁궐로 들어왔는데, 흰 여우 한 마리가 상좌평 책상 위에 앉았어요. 백마강에서는 9미터 정도 되는 큰 물고기가 죽어서 떠올랐고, 가을에는 한 나루터에서 여자가 죽었는데 키가 5미터가 넘었지요.

이듬해에는 사비의 우물과 백마강이 핏빛으로 변했고, 백성들이 누군가에게 쫓기듯 달아나다가 100여 명이 넘어져 죽었어요.

부흥을 꿈꾸었지만 나당 연합군에게 멸망되다

이해 여름, 궁궐 땅속에서 거북이 한 마리가 나타났어요. 그런데 거북의 등에 '백제는 둥근달이요, 신라는 초승달이다.'라는 글이 쓰여 있었어요. 의자왕이 무당에게 어떤 뜻인지 묻자, 무당이 말했어요.
"둥근달은 가득 차서 이제 기운다는 말이고, 초승달은 이제 점점 가득 찰 것이라는 말입니다."
백제가 기운다는 말에 화가 난 의자왕은 무당을 죽였어요.
이렇듯 백제에는 이상한 일들이 곳곳에서 일어나 불안한 기운이 감돌았지요.

백제가 역사 속으로 사라졌어요

의자왕 20년이던 660년, 당나라 장군 소정방은 13만여 군사를 이끌고 사비로 향했어요. 신라에서도 장군 김유신, 품일 등이 이끄는 5만여 군사가 당나라군과 합공하기 위해 사비로 향했어요. 다급해진 의자왕은 귀양을 보냈던 신하 흥수에게 사람을 보내 어떻게 해야 할지 물었어요.

"당나라군은 백강(금강)으로 들어오지 못하게 하고, 신라군은 탄현에서 막는다면 승리할 것입니다."

그러나 신하들은 의자왕에게 흥수가 왕을 미워해 거짓말을 한다며 흥수를 모함했어요. 그러는 동안 당나라군과 신라군은 백강과 탄현을 지났지요.

부흥을 꿈꾸었지만 나당 연합군에게 멸망되다

의자왕은 장군 계백에게 황산에서 신라군을 막도록 했어요. 계백은 결사대 5천여 명을 이끌고 황산 들판에서 김유신이 이끄는 신라군과 네 번 싸워 모두 이겼어요. 하지만 신라의 반굴과 관창의 희생으로 사기를 얻은 신라군이 반격을 가해, 백제군은 결국 패하고 말았어요.

마침내 당나라군과 신라군은 함께 사비성을 공격해 함락시켰고, 도망간 의자왕과 태자를 붙잡았어요. 소정방은 의자왕과 태자, 대신들과 백성 1만여 명을 당나라 수도인 장안으로 끌고 갔고, 당나라는 백제의 옛 땅에 웅진 도독부★ 등 다섯 개의 도독부를 두었어요. 이로써 백제는 약 700년의 역사를 뒤로하고 멸망하고 말았지요.

★**도독부** 멸망한 백제를 다스리기 위해 당나라에서 세운 관청이에요.

부여풍과 백제의 부흥 운동

사비성이 함락된 이후 백제의 장군 복신이 승려 도침과 함께 주류성에서 저항하며 백제의 부흥을 일으켰어요. 왜에 인질로 가 있던 의자왕의 아들 부여풍을 맞이해 왕으로 세우자, 지방의 많은 성에서 백제의 부흥을 위해 함께 싸웠지요. 백제 부흥군은 이후 임존성으로 이동해 나당 연합군에 대항했어요.

부흥을 꿈꾸었지만 나당 연합군에게 멸망되다

장군 흑치상지도 흩어진 군사 3만여 명을 모아 임존성에서 백제의 부흥을 이끌었어요. 흑치상지는 당나라 소정방의 군대를 물리치며 200여 성을 빼앗은 뒤, 복신이 이끄는 부흥군과 힘을 합쳤지요.
그러나 부흥군의 행보는 오래가지 않았어요. 복신이 도침을 죽이고 부여풍이 복신을 죽이는 등, 내부 분열이 일어났거든요.
게다가 부흥군을 도우러 온 왜군이 백강에서 네 번이나 나당 연합군에게 패했어요. 결국 백제 부흥의 불길은 사그라졌고, 백제는 역사 속으로 영원히 사라졌답니다.

삼국사기 놀이터

나당 연합군은 사비에서 만나 백제를 공격하기로 했어요. 신라군이 황산 들판에서 백제군을 물리치는 사이, 당나라군은 백강을 지나 사비로 향했어요. 아래 그림에서 신라와 당나라가 각각 사비로 향하는 길을 따라가 보세요.

신라를 세운 사람은 박혁거세예요. 그렇다면 신라의 임금은 모두 박씨일까요?
신라에서는 박씨뿐 아니라 석씨와 김씨까지 세 성씨가 번갈아 왕위에 올랐어요.
석씨 왕위의 시조는 제4대 임금인 석탈해예요. 김씨 왕위의 시조는 김알지고요. 하지만 첫 김씨 임금은 제13대 임금인 미추왕이지요. 이렇듯 세 성씨로 이루어진 신라는 하나의 나라로 발전해 갔어요.
지금부터 신라의 역사 속으로 들어가 보아요.

세 성씨의 왕조가 이룬 하나의 나라, 신라

여섯 부족과 함께 나라를 세운 시조 혁거세 거서간

알에서 태어난 아이

고조선이 멸망한 후, 백성들 가운데 일부가 남쪽으로 내려와 지금의 경주에 자리를 잡았어요. 이들은 골짜기를 사이에 두고 여섯 개의 마을을 이루었어요. 마을 이름은 양산촌·고허촌·진지촌·대수촌·가리촌·고야촌으로, 이를 사로 6촌이라고 했어요. 사로 6촌의 촌장들은 만날 때마다 사로국을 다스릴 왕과 나라가 있으면 좋겠다고 말했어요.

그러던 어느 날이었어요. 고허촌의 촌장인 소벌공이 양산을 바라보는데 나정이라는 우물 옆에서 말이 무릎을 꿇고 울고 있었어요.

"허허, 이상한 일이네. 뉘 집 말인데 저렇게 울고 있지?"

이상하게 여긴 소벌공은 급히 달려갔어요. 하지만 이미 말은 사라지고 나정 옆에는 커다란 박 같은 알이 떡하니 놓여 있었어요. 소벌공은 6촌 촌장들을 불러 모아 알을 쪼갰어요. 그러자 '쩌저적!' 하고 알이 갈라지면서, 알에서 한 아이가 나왔어요.

"으아악, 웬 아이가 알에서 나오네!"

모두 깜짝 놀라며 알에서 나온 아이를 신기한 듯 쳐다보았어요. 이때가 기원전 69년이었어요.

아가, 안녕~ 잘 살아!

신라의 두 성인, 박혁거세와 알영

알에서 나온 아이는 무럭무럭 성장하면서 남들보다 뛰어난 능력과 재주를 보였어요. 기원전 57년, 사로 6촌 사람들은 이 아이가 그동안 자신들이 기다려 온 왕이라고 생각해, 아이를 왕으로 삼았어요. 이 아이가 바로 신라를 세운 박혁거세예요. 큰 박 같은 알에서 나왔다고 해서 성은 '박(朴)'이고, '밝다'라는 뜻을 가진 '혁(赫)', 왕을 뜻하는 '거세(居世)'가 합해진 이름이지요. 열세 살에 왕이 된 혁거세왕은 나라 이름은 서나벌, 왕을 부르는 칭호는 거서간★으로 정했어요.

★거서간 왕, 혹은 귀한 사람이라는 뜻이에요.

세 성씨의 왕조가 이룬 하나의 나라, 신라

박혁거세가 왕이 된 지 5년이 되던 해였어요. 한 할머니가 길을 가다가 알영이라는 우물 옆에서 이상한 소리가 들려 가 보았어요. 그런데 닭 모양을 한 용이 오른쪽 옆구리에서 예쁜 여자아이를 낳는 게 아니겠어요? 용은 순식간에 사라졌고, 할머니는 아이를 집으로 데리고 와, 아이의 이름을 우물 이름을 따 '알영'이라고 지었어요. 알영은 예쁘고 지혜롭게 자랐지요.
이 이야기를 들은 혁거세왕은 알영을 부인으로 맞이했어요. 이후 혁거세왕과 왕비 알영은 어질고 현명하게 나라를 잘 다스려, 사람들에게 '두 성인'이라고 불렸어요.

★**성인** 지혜롭고 덕이 높아 우러러 본받을 만한 사람을 뜻해요.

낙랑군이 침략을 포기하고 돌아갔어요

혁거세왕은 따로 성과 궁궐이 없었어요. 안으로는 백성들의 생활을 돌보아야 했고, 밖으로는 수시로 침략하는 왜군과 주변 나라들을 신경 쓰느라 미처 그럴 여유가 없었지요. 왕이 된 지 21년 만에 '금성'이라는 성을 쌓아, 드디어 왕다운 왕의 모습을 갖추었어요. 그사이 항복해 온 변한의 몇몇 나라를 받아들이며 국력도 넓혀 갔어요.

그러던 어느 날 신라가 잘산다는 말을 들은 낙랑이 신라 국경에 군사들을 보내 침략하려고 했어요.

세 성씨의 왕조가 이룬 하나의 나라, 신라

국경 주변에 사는 신라 백성들은 집집마다 문을 활짝 열어 두었고, 들판에 많은 곡식 더미가 놓여 있어도 누구 하나 훔쳐 가지 않았어요. 이 모습을 본 낙랑 군사들은 서로 수군대며 큰 충격에 빠졌어요.
"여기 백성들은 도둑질이란 걸 모르나 봐!"
결국 낙랑군은 이곳을 공격하는 건 도둑질이나 마찬가지라며 침략을 포기하고 낙랑으로 돌아갔어요.

★**변한** 지금의 경상도 낙동강 유역에 있었던 작은 나라들이에요.

외적으로부터 나라를 지킨 제2대 남해 차차웅

시조묘를 세웠어요

혁거세왕이 나라를 세운 지 60년이 되던 해에 금성 우물에 용이 나타났어요. 게다가 천둥이 치고 비가 내리면서 금성 남문에는 벼락까지 쳤어요. 이는 용으로 상징되는 왕이 금성에 새로 나타났거나, 천둥 벼락이 치는 것 같은 안 좋은 일이 혁거세왕에게 일어날 것처럼 보였지요. 그러고는 이듬해에 혁거세왕과 알영 부인이 같이 죽어 사릉(경주 오릉)에 묻혔어요.

이후 아들 남해가 왕위에 올랐어요. 남해왕은 '차차웅'이라는 왕의 칭호를 썼는데, 이는 제사를 지내는 사람 또는 지위가 높은 연장자라는 뜻이에요. 차차웅은 오직 남해왕에게만 붙였어요.

세 성씨의 왕조가 이룬 하나의 나라, 신라

우리처럼 나라를 잘 다스리렴!

남해왕은 왕위에 오른 지 2년 만인 6년에 혁거세왕을 모신 시조묘를 세웠어요. 시조묘란 신라의 시조인 혁거세왕의 위패를 모신 사당이에요. 남해왕은 자신의 친누이동생인 아로에게 시조묘 제사를 지내도록 했어요. 이후에 신라의 왕들은 자신이 정당하게 왕위에 올랐다는 것을 알리는 시조묘 제사를 지냈어요.

낙랑과 왜를 물리쳤어요

남해왕이 왕위에 오르자마자, 혁거세왕 때 침략했던 낙랑이 또 신라를 침략했어요. 막 부모님 상을 치른 남해왕은 고민에 빠졌어요.
"이런 때에 낙랑이 침입한 것은 내가 덕이 부족하기 때문이다."
남해왕이 신하들에게 침통한 표정으로 말하자, 신하들이 말했어요.
"적은 비겁하게 우리가 상을 당한 것을 알고 침략했습니다. 하늘이 저들을 물리칠 것입니다."
정말 하늘이 도왔는지, 낙랑군은 이내 공격을 멈추고 자기 나라로 돌아갔어요.

10년 뒤, 이번에는 왜군과 낙랑군이 동시에 쳐들어왔어요. 왜군을 막느라 금성이 비어 있다는 것을 안 낙랑군은 금성을 거의 함락시킬 뻔했지요. 그런데 이번에도 하늘이 도왔는지, 낙랑군 진영에 유성이 떨어졌어요. 놀란 낙랑군은 달아나면서 신라군을 속이기 위해 알천에 돌무더기를 만들어 놓았어요. 낙랑군을 추격하던 신라군은 쌓인 돌무더기를 보고 적이 많다고 생각해, 추격을 포기하고 되돌아갔어요.

이가 많은 제3대 유리 이사금

이가 많아 왕이 되었어요

안으로는 박혁거세가 세운 나라를 잘 이어 나가기 위해서, 밖으로는 신라를 호시탐탐 노리는 왜와 낙랑으로부터 나라를 지키기 위해서 남해왕은 임금으로 있는 내내 여러 어려움을 겪었어요. 그렇게 나이가 들고 쇠약해지자, 다음 왕에 대해 유언을 남겼어요.

"내가 죽거든 유리와 석탈해 중에 나이 많은 사람이 왕을 잇도록 하라."

유리는 남해왕의 아들이었고, 석탈해는 남해왕의 사위였지요.

세 성씨의 왕조가 이룬 하나의 나라, 신라

남해왕의 태자 유리는 현명하고 능력 있는 석탈해에게 왕위를 양보하려고 했어요. 그러자 석탈해가 말했어요.
"지혜로운 사람은 이가 많다고 하니, 떡을 물어 잇자국이 더 많은 사람을 왕으로 합시다."
결국 이가 많았던 유리가 왕이 되었어요. 그리고 왕의 칭호를 '이사금'이라고 했지요. 이사금이란 나이가 많은 사람이 지혜롭다는 뜻이에요.

도솔가를 지었어요

왕위에 오른 유리왕은 이듬해에 시조묘에서 제사를 지내고 죄인들을 풀어 주었어요. 유리왕 때에도 낙랑의 침입이 있었지만 비교적 평화로운 시기가 이어졌지요.

왕이 된 지 5년째 되던 해, 추운 겨울이었어요. 유리왕은 백성들을 살피러 다니다 추위와 굶주림에 쓰러진 할머니를 보았어요. 유리왕은 자신의 부족함을 탓하며 입고 있던 옷을 벗어 할머니에게 덮어 주었지요.

세 성씨의 왕조가 이룬 하나의 나라, 신라

백성들의 모습을 살핀 유리왕은 신하들에게 명령했어요.
"나라 곳곳에 홀로 있는 노인, 과부, 고아, 병자들 가운데 스스로 살 수 없는 자들에게 양식을 나누어 주어라."
그 뒤로 나라 안 백성들은 평안한 나날을 보내며 도솔가를 지어 불렀어요. 도솔가는 신라에서 처음으로 불린 노래예요. 도솔가를 지은 사람이 누구인지, 어떤 내용인지는 전해지지 않지만, 아마 백성을 위한 정치를 펼친 유리왕의 공적을 기린 노래였을 거예요.

나라에서 보낸 식량입니다!

관리들의 등급을 17등급으로 나누었어요

유리왕은 나라의 틀을 만들어 가기 시작했어요. 먼저 사로 6촌을 6부로 정리해 이름을 바꾸고 성씨를 붙여 주었어요. 가장 세력이 강했던 양산촌은 양부로 바뀌었으며 성은 이씨였어요. 고허촌은 사량부로 바뀌었고 성은 최씨, 진지촌은 본피부로 바뀌었고 성은 정씨, 대수촌은 점량부로 바뀌었고 성은 손씨, 가리촌은 한기부로 바뀌었고 성은 배씨, 고야촌은 습비부로 바뀌었고 성은 설씨였어요.

세 성씨의 왕조가 이룬 하나의 나라, 신라

또 관리의 등급을 열일곱 개로 나누어 정했어요. 제1관등은 이벌찬으로, 각간, 서불한 등 여러 이름으로도 쓰였어요. 제2관등은 이척찬, 또는 이찬이라고도 해요. 제3관등은 잡찬, 제4관등은 파진찬, 제5관등은 대아찬, 제6관등은 아찬, 제7관등은 일길찬, 제8관등은 사찬, 제9관등은 급벌찬, 제10관등은 대나마, 제11관등은 나마, 제12관등은 대사, 제13관등은 소사, 제14관등은 길사, 제15관등은 대오, 제16관등은 소오, 제17관등은 조위였어요. 이러한 관등은 귀족, 평민 등 신분에 따라 일정한 관등까지만 올라갈 수 있었어요.

한가위의 시초

유리왕은 6부를 두 편으로 나누고, 두 명의 왕녀에게 둘로 나뉜 각 부의 여자들을 이끌도록 했어요. 두 모임은 음력 7월 16일부터 음력 8월 14일까지 매일 뜰에 모여 밤 10시까지 삼베를 짰어요. 이들은 다른 편에 지지 않기 위해 열심히 삼베를 짰어요. 그리고 음력 8월 15일이 되면 누가 더 많이 짰는지 겨루었지요.

이때 진 편은 춤을 추면서 슬프게 '회소, 회소'라고 말했는데, 그 소리가 아름다워 나중에 사람들이 '회소곡'이라는 노래를 지었다고 해요. 하지만 아쉽게도 회소곡은 전해져 오지 않아요. 겨루기가 끝난 뒤에는 진 편이 이긴 편에 술과 음식을 대접하면서 모두 함께 즐거운 시간을 보냈어요. 이 놀이를 '가배'라고 해요. 가배는 오늘날까지 이어져 와, 명절 한가위(추석)가 되었어요.

석씨 왕의 시조 제4대 탈해 이사금

상자를 타고 바다를 건너온 아이

신라에서는 박씨, 석씨, 김씨 성을 가진 왕이 차례로 왕위에 올랐어요. 각 성씨의 시조는 박혁거세의 설화처럼 특별한 이야기를 가지고 있지요. 그렇다면 석씨 왕의 시조인 석탈해는 어떤 설화를 가지고 있을까요? 왜에서 동북쪽으로 약 1천리 되는 곳에 있는 다파나국의 왕이 여국 여왕의 딸을 왕비로 맞았는데, 왕비는 임신한 지 7년 만에 커다란 알을 낳았어요.

세 성씨의 왕조가 이룬 하나의 나라, 신라

사람이 알을 낳았다는 것에 매우 실망한 왕은 알을 버리라고 명령했어요. 하지만 왕비는 몰래 비단으로 알을 싸서 보물과 함께 큰 나무 상자에 넣어 바다에 띄웠어요. 상자는 흐르고 흘러 신라의 어느 바닷가에 도착했어요. 상자 주위에는 까치가 날며 울고 있었지요. 그때 바닷가에서 일을 하던 할머니가 상자를 발견했어요. 할머니가 뚜껑을 열자 알을 깨고 나온 아기가 밝게 웃고 있었어요.

할머니는 아기를 집으로 데리고 와, 아이의 이름을 '까치 작(鵲)'에서 따온 '석(昔)', 상자를 열고 나왔다는 뜻의 '탈해(脫解)', 즉 석탈해라고 지었어요. 이때가 혁거세왕이 나라를 세운 지 39년째 되던 해였어요.

호공의 집

열심히 학문을 닦으며 자란 탈해가 어느덧 독립할 나이가 되었어요. 하루는 토함산에 올라 7일 동안 머물며 신라 땅을 관찰했어요. 그러다 초승달 모양을 한 봉우리 아래에 있는 집이 좋은 위치에 있어서 마음에 들었어요. 그 집은 왜에서 온, 혁거세왕의 신하인 호공의 집이었어요. 그의 집이 탐났던 석탈해는 한 가지 꾀를 생각해 냈어요.◆
다음 날 새벽, 탈해는 다짜고짜 호공의 집에 가서 그의 집이 자신의 집이라며 우겼어요. 기가 막힌 호공은 탈해를 관가에 고발했어요.

◆ 석탈해의 꾀에 대한 기록은 〈삼국유사〉에 나와 있어요.

세 성씨의 왕조가 이룬 하나의 나라, 신라

그래, 너 다 가져라!

그러자 탈해는 관가로 가 여러 사람 앞에서 말했어요.
"저는 대장장이인데 얼마 전 이웃 마을에 간 사이에 호공이 저의 집을 빼앗아 살았습니다. 땅을 파 보면 증거가 나올 겁니다."
사람들이 땅을 파 보니 정말 숯과 숫돌이 나왔어요. 사실 탈해가 전날 밤 집 주변에 대장간에서 꼭 필요한 숯과 숫돌을 몰래 묻은 거였어요.
호공은 억울했지만 군말 없이 자기의 집을 탈해에게 주었어요. 훗날 탈해는 왕이 되자마자 호공을 '대보'라는 높은 자리에 임명했어요. 자신의 꾀를 알고도 순순히 집을 내준 호공의 인품을 높게 산 거예요.

숲에서 닭이 울었어요

유리왕의 유언에 따라 탈해는 57년에 신라의 제4대 임금이 되었어요.
이때 탈해왕의 나이는 62세였어요. 늦은 나이에 왕위에 오른 만큼 탈해왕은 남해왕과 유리왕 때 나라를 다스린 경험이 많았어요.
65년 봄, 밤에 금성의 서쪽 숲 시림에서 닭 우는 소리가 들렸어요.
'밤에 닭이 울다니 이상한 일이군.'
탈해왕은 중얼거리며 잠이 들었어요. 다음 날, 왕은 대보인 호공에게 닭이 울었던 시림으로 가 보라고 했어요.

세 성씨의 왕조가 이룬 하나의 나라, 신라

호공이 닭이 울던 곳으로 가 보니, 큰 나뭇가지에 금빛으로 찬란하게 빛나는 상자가 걸려 있었어요. 궁궐로 돌아와 왕에게 이 사실을 알리자 왕은 그 상자를 가져와 열도록 했어요. 상자 안에는 아름다운 남자아이가 누워 있었어요.
"오, 하늘이 내게 훌륭한 아들을 선물해 주었구나!"
자식이 없었던 탈해왕은 아이를 보고 매우 기뻐하며 아들로 삼았어요.

이 애를 데려가라고 밤새 그렇게 운 것이냐?

꼭위요!

세 성씨의 왕조가 이룬 하나의 나라, 신라

알지와 계림

아이는 똑똑하고 지혜롭게 자랐어요. 왕은 아이의 이름을 어린아이라는 뜻의 '알지'라고 했어요. 성은 금(金)빛 상자에서 나왔다고 해서 '김(金)'으로 했어요. 즉, 김알지란 금빛 상자에서 나온 아이라는 뜻이지요.

김알지는 경주 김씨의 시조이자, 신라 김씨 왕의 시조이기도 해요. 신라 왕 56명 가운데 38명이 김씨로, 신라 임금 중에서 김씨가 제일 많았어요.

그런데 정작 알지는 왕이 되지 못했지요. 탈해왕이 알지를 태자로 삼았지만, 알지는 유리왕의 아들인 파사에게 왕위를 양보했거든요.

탈해왕은 알지를 발견한 시림의 이름을 닭이 울었던 숲이라는 뜻의 '계림'으로 바꾸고 나라 이름도 계림으로 바꾸었어요.

삼국사기 배움터

가야와 여섯 왕 이야기

삼국 시대 때 지금의 낙동강 유역에는 '가야'라는 나라가 있었어요. 가야의 건국 설화는 〈삼국유사〉에 기록되어 있어요.

아직 나라가 세워지기 전에 낙동강 유역에는 아홉 추장이 지역을 나누어 다스리고 있었어요. 어느 날, 아홉 추장과 백성들이 모여 있는데 북쪽 구지봉에서 이상한 소리가 들려왔어요.

"하늘이 내게 이곳에 나라를 세우고 왕이 되라고 하셨다. 너희는 산꼭대기의 흙을 파면서 이 노래를 불러라."

'거북아, 거북아, 머리를 내밀어라.
내밀지 않으면 불에 구워 잡아먹겠다.'

아홉 추장이 그 말대로 하자 하늘에서 자줏빛 줄이 내려왔어요. 사람들이 가서 보니 붉은 보자기에 싸인 황금 상자가 있었어요. 상자 안에는 황금 알 여섯 개가 있었는데, 12일 뒤에 알에서 남자아이 여섯 명이 나왔어요. 사람들은 먼저 나온 아이의 이름을 세상에 처음 나왔다고 해서 '수로'라고 지었어요. 여섯 명의 아이들은 자라서 각각 나라를 세우고 왕이 되었어요. 이 여섯 나라가 김해의 금관가야, 고령의 대가야, 함안의 아라가야, 성주의 성산가야, 고성의 소가야, 상주와 문경의 고령가야였어요.

첫 김씨 왕, 제13대 미추 이사금

백성의 평안을 바란 첫 번째 김씨 왕

제12대 임금인 첨해왕이 자식 없이 갑자기 병으로 죽는 바람에, 제11대 임금인 조분왕의 둘째 사위 미추가 왕위를 이었어요. 미추는 김알지의 6대손이에요. 그동안 박씨와 석씨 성이 왕위를 잇다가, 미추왕 때 처음으로 김씨가 왕위를 이었어요.

미추왕은 백성의 생활이 안정되도록 하는 데 많은 노력을 했어요. 미추왕 7년이던 268년에는 비가 내리지 않자, 남당에 신하들을 불러 정치를 잘못하고 있지는 않은지를 물으며 백성들의 고충을 헤아리고자 했지요.

세 성씨의 왕조가 이룬 하나의 나라, 신라

특히 미추왕은 백성의 생활을 안정시키는 데 많은 노력을 기울였어요. 전국 각지에 사람을 보내 백성들의 어려움을 살피는 한편, 백성들이 농사짓는 데 방해되는 일이 있다면 바로 그것을 없애도록 명령했지요. 그뿐 아니라 신하들이 궁궐을 다시 짓자고 했을 땐 이를 거절하며 말했어요.
"궁궐을 다시 지으면 백성들이 힘들어진다."
이렇게 미추왕은 오직 백성의 평안만을 생각하는 어진 임금이었어요.

미추왕의 죽엽 군사

미추왕의 뒤를 이은 유례왕 때 일이에요. 그 당시 신라는 왜군의 공격을 수시로 받았어요. 얼마나 왜군에 시달렸던지 유례왕은 바다 건너 왜를 직접 공격하자고까지 했으나 신하들의 만류로 그만두었어요.

신라가 왜에 신경을 쓰는 동안, 유례왕 14년이던 297년에 지금의 경북 청도 지방의 이서국이라는 작은 나라가 신라를 기습했어요. 이서국의 공격에 신라군은 사력을 다해 막았으나 계속 밀려나며 위험한 지경에 빠졌지요.

세 성씨의 왕조가 이룬 하나의 나라, 신라

이때 어디선가 홀연히 이상한 군대가 신라군을 돕기 위해 몰려왔어요. 이들은 모두 대나무 잎을 머리에 꽂고 신라군과 함께 이서국 군대를 물리쳤어요. 그러더니 순식간에 사라지는 게 아니겠어요? 신라군은 이들이 어디로 사라졌는지 찾다가 선왕인 미추왕의 능에 대나무 잎 수만 장이 수북이 쌓여 있는 것을 보았어요. 그리고 서로 바라보며 말했어요.
"아, 미추왕께서 죽엽 군사를 보내 우리를 도왔구나!"

삼국사기 놀이터

미추왕의 죽엽 군사들은 이서국 군대와의 전투에서 신라군을 위해 활약했어요. 그들의 용맹한 모습 속에 숨어 있는 특별한 군사들을 찾아보세요.

(숨은 그림: 대나무를 휘두르는 군사, 탈을 쓴 군사, 대나무 잎으로 피리를 부는 군사, 지팡이를 들고 싸우는 군사, 미추왕)

이것들은 대체 뭐야?

제16대 임금인 흘해왕이 죽자 신라 왕실은 고민에 빠졌어요. 석씨 흘해왕의 뒤를 이을 아들이 없었던 거예요. 그러자 김알지와 미추왕의 후손인 내물왕이 왕위를 이었어요. 이후 신라는 석씨 임금의 시대가 끝나고 통일 신라 말기까지 김씨 왕조 시대가 이어졌어요. 이 당시 신라는 고구려나 백제에 비해 힘이 약했어요. 그렇지만 두 나라와의 관계를 적절히 이용하며, 조금씩 나라다운 모습을 갖추어 갔어요.

본격적인 김씨 왕조의 시작, 제17대 내물 이사금

김씨 왕조 시대와 마립간

내물왕은 미추왕의 형제인 말구의 아들로, 신라에서 김씨 왕조 시대를 본격적으로 연 왕이에요. 제13대 임금인 미추왕이 첫 김씨 왕이었지만, 이후 3대는 다시 석씨에서 왕이 나왔지요. 박씨, 석씨, 김씨, 세 성이 돌아가며 왕이 되던 시대에서 이제 김씨만 왕이 되는 시대로 바뀌었어요. 김씨 왕은 신라 말기인 제53대부터 제55대까지의 왕을 빼고 계속 이어졌지요.

김씨 왕조 시대가 열리고 나라다운 모습을 갖추다

한편, 〈삼국사기〉에는 내물왕 때에도 왕의 칭호가 이사금이었고 제19대 임금인 눌지왕 때부터 '마립간'이라는 새로운 칭호를 썼다고 기록되어 있어요. 여기서 '마립'은 말뚝이라는 뜻이에요. 마립간은 말뚝 중에서도 제일 위에 있는 말뚝으로, 대장 또는 우두머리라고 할 수 있어요. 따라서 왕의 칭호가 이사금에서 마립간으로 바뀌었다는 것은 왕의 힘이 예전보다 세졌다는 것을 뜻해요.

그런데 〈삼국유사〉에 따르면 마립간이라는 칭호를 내물왕 때부터 썼다고 해요. 두 역사책에 기록된 마립간을 사용한 시기는 다르지만, 김씨 왕조가 본격적으로 시작되면서 신라에서 김씨 세력이 강해졌다는 것을 알 수 있어요.

김씨 왕조 시대가 열리고 나라다운 모습을 갖추다

허수아비 작전

356년에 왕위에 오른 내물왕은 47년 동안 신라를 다스렸어요. 왕위에 오래 있었던 만큼 많은 일이 있었지요. 그중에서도 그동안 신라를 끊임없이 괴롭혀 온 왜군은 여전히 골칫거리였어요.

내물왕 9년, 왜군은 대대적으로 신라를 공격했어요. 고민에 빠진 내물왕은 문득 좋은 생각이 떠올랐지요.

"풀로 허수아비를 만들어 갑옷을 입히고 창칼을 쥐어 세워 두어라. 그리고 그 주위에 용감한 병사 1천 명을 매복하게 하라."

마침내 왜군이 기세등등하게 금성을 향해 진격해 왔어요. 왜군은 별 것 아닌 허수아비 군사들을 보고 자신들의 수가 많다고 믿고 공격했다가, 매복해 있던 신라군에 기습당해 대패했어요. 이 승리로 신라는 당분간 왜군의 침략에서 벗어났어요.

지금이다, 공격!

중국에 처음으로 사신을 보냈어요

왜군을 물리친 내물왕은 이번엔 백제와 고구려의 관계가 좋지 않다는 것을 잘 이용해, 활동 영역을 넓혔어요.

백제는 중국과 교류하기 위해 서해로 나아가야 했는데, 그러기 위해서는 고구려와의 충돌을 피할 수 없었어요. 백제 근초고왕은 먼저 신라와 좋은 관계를 만든 다음, 고구려와의 싸움에서 승리를 거두었어요. 심지어 평양성에 쳐들어가 고구려 고국원왕을 전사시키기까지 했지요.

김씨 왕조 시대가 열리고 나라다운 모습을 갖추다

그런데 내물왕 18년이던 373년, 백제의 독산성주가 3백여 명을 데리고 신라로 항복해 오는 바람에 신라와 백제의 관계가 껄끄러워졌어요. 근초고왕이 도망간 백성들을 돌려보내 달라고 했지만 내물왕이 거절했거든요. 이 기회에 내물왕은 고구려와 가깝게 지내면서 381년에는 고구려를 통해 중국 전진에 사신을 보냈어요. 신라가 중국에 가려면 배를 타고 한참 돌아가야 했는데, 고구려를 통해 좀 더 편하게 갈 수 있었지요. 이때부터 신라도 국제 무대에 본격적으로 나서게 되었어요.

실성을 고구려에 인질로 보냈어요

내물왕 중반기를 지나며 신라는 고구려와 좋은 관계를 맺었고, 백제와는 대립했어요. 백제는 가야, 왜와 가깝게 지내며 고구려와 신라 두 나라를 견제했지요.

그러던 어느 날, 신라는 왜군이 침략한다는 소식에 나라 안이 뒤숭숭했어요. 게다가 고구려에서는 신라에 인질을 보내라고 요구했고요. 당시 고구려는 광개토 대왕이 즉위할 때였는데, 그 힘이 막강해서 신라는 요구에 따를 수밖에 없었지요.

김씨 왕조 시대가 열리고 나라다운 모습을 갖추다

신라는 왜군에 대항하기 위해 힘센 우군이 필요했고, 고구려는 고국원왕의 원수를 갚기 위해 백제 정벌이 필요했던 상황이었어요.
결국 392년, 내물왕은 제2관등인 이찬 김대서지의 아들 실성을 고구려에 인질로 보냈어요. 실성은 가기 싫었지만 나라 사정 때문에 어쩔 수 없이 가야 했어요. 고구려로 간 실성은 그곳에서 약 10년 동안 머무르다가 내물왕이 죽기 전에 신라로 돌아와 신라의 제18대 임금이 되었어요.

★**우군** 자기와 같은 편인 군대를 뜻해요.

147

광개토 대왕에게 지원군을 요청했어요

393년, 우려했던 대로 왜군은 신라를 침공해 금성을 포위했어요. 며칠이 지나도 포위를 풀지 않자 장군과 병사 들이 왜군에 맞서 싸우겠다고 했어요. 그러자 내물왕이 말했어요.

"지금은 왜군의 기세가 강하니, 저들이 지칠 때까지 기다렸다가 공격하자."

며칠 후 왜군이 식량도 떨어지고 지쳐 돌아가려 하자, 왕은 보병 1천여 명과 기병 200여 명을 보내 왜군을 공격해 승리를 거두었지요.

김씨 왕조 시대가 열리고 나라다운 모습을 갖추다

왜군의 침략은 이번만으로 끝나지 않았어요. 메뚜기 떼가 휩쓸어 흉년으로 나라가 혼란스럽던 399년, 왜군은 다시 대군을 이끌고 신라로 쳐들어왔어요. 계속된 왜군의 침략에 내물왕은 고구려의 광개토 대왕에게 지원군을 요청했어요. 그러자 이듬해 5만여 명의 고구려군이 신라로 내려왔고, 후퇴하는 왜군을 끝까지 쫓아가 모두 소탕했어요.

◆ 399년에 광개토 대왕에게 군사를 지원받은 기록은 '광개토 대왕릉비'에 나와 있어요.

백제와 손잡은 제19대 눌지 마립간

실성왕의 복수

내물왕의 뒤를 이어 왕위에 오른 실성왕은 지난날 고구려에 인질로 갔을 때를 생각했어요. 비록 나라를 위하는 일이었지만, 실성에게는 고통의 나날들이었지요.

'언젠가 꼭 복수하리라!'

실성은 왕이 되자마자 곧바로 왜에 내물왕의 셋째 아들인 미사흔을 인질로 보내며 화친을 맺고자 했어요.

김씨 왕조 시대가 열리고 나라다운 모습을 갖추다

그런데 왜는 화친을 위해 미사흔을 인질로 데려갔으면서도 실성왕 초기에 신라를 연이어 침공했어요. 그러자 미사흔은 목숨까지 위태로운 지경에 빠졌어요. 전쟁을 막기 위한 인질이었는데, 전쟁이 일어나서 인질로 쓸모가 없어졌기 때문이지요.

미사흔을 왜에 인질로 보낸 지 10년 뒤, 실성왕은 고구려의 지원을 받기 위해 이번에는 내물왕의 둘째 아들인 복호를 고구려에 인질로 보냈어요. 신라에는 복호와 미사흔의 형인 눌지만 남았지요.

"저놈이 시킨대로 안 하고 뭐 하는 거야!"

눌지의 인품과 외모에 감동한 자객

신라에 홀로 남은 눌지는 안전하지 않았어요. 두 동생 모두 인질로 보낸 데다가 실성왕이 호시탐탐 눌지를 없앨 시기를 엿보고 있었거든요. 시간이 흘러 청년이 된 눌지를 보며 실성왕은 마음 한 켠이 불안했어요.

그러던 어느 날, 실성왕은 고구려에 인질로 가 있는 동안 알고 지냈던 사람을 몰래 궁으로 불렀어요. 그리고 은밀히 말했어요.

"자리를 마련할 테니, 눌지를 보거든 조용히 처리하라!"

실성왕은 눌지에게 그 고구려 사람을 만나게 했어요. 자객은 칼을 숨기고 눌지를 만났지요. 그런데 자객은 눌지의 훌륭한 인품과 외모를 보고는 눌지를 죽이려던 생각을 접었어요. 그리고 사실대로 고백했어요.
"실성왕이 그대를 죽이라고 했으나, 그대를 직접 보니 차마 죽이지 못하겠소."
큰 충격을 받은 눌지는 실성왕을 원망하며 몰래 궁으로 들어가 죽이고 스스로 왕이 되었어요.

복호와 미사흔을 탈출시켰어요

417년, 눌지는 우여곡절 끝에 제19대 임금이 되었어요. 눌지왕은 우선 고구려와 왜에 인질로 간 동생들을 데려오고 싶었어요. 그러기 위해서는 인질을 무사히 구출할 만한 능력 있는 사람이 필요했지요. 이 일을 위해 선택된 사람은 박제상이었어요.

김씨 왕조 시대가 열리고 나라다운 모습을 갖추다

박제상은 먼저 고구려로 가서 장수왕에게 형제를 잊지 못하는 눌지왕을 위해 은혜를 베풀어 달라고 부탁했어요. 박제상의 간곡한 부탁에 장수왕은 복호를 풀어 주었어요. 마침내 복호는 6년 만에 신라로 돌아왔어요.

이어 박제상은 미사흔을 구출하기 위해 왜로 떠났어요. 그런데 미사흔을 구출하는 일은 복호를 구출하는 것보다 훨씬 어려웠어요. 박제상은 치밀하게 계획을 꾸며서 미사흔을 탈출시켰지요. 하지만 박제상은 탈출하지 못하고 왜에 잡혀 모진 고문 끝에 죽임을 당하고 말았어요.

백제와 나제 동맹을 맺었어요

가까운 관계였던 고구려와 신라가 눌지왕 때부터 서서히 멀어졌어요. 왜냐하면 427년, 고구려 장수왕이 도읍을 평양으로 옮기면서 남쪽으로 진출하려 했기 때문이에요. 고구려의 남진 정책에 긴장한 신라는 백제와 433년, '나제 동맹'을 맺었어요.

백제 비유왕이 먼저 눌지왕에게 좋은 말 두 필과 하얀 매를 선물하자, 눌지왕은 황금과 야광 구슬을 백제에 보내 보답했어요. 앞으로 고구려가 공격해 오면 서로 도와주자는 뜻이었지요.

김씨 왕조 시대가 열리고 나라다운 모습을 갖추다

한편, 450년에 신라의 하슬라(강릉) 성주 삼직이 고구려 변방의 한 장수를 죽이는 사건이 일어났어요. 눌지왕은 곧 고구려 장수왕에게 사과를 했지만, 이 사건으로 고구려와 신라는 완전히 등을 돌리게 되었지요.
4년 뒤에 고구려는 신라를 침략했고, 이듬해에는 고구려가 백제를 침략했어요. 백제가 침략당하자, 눌지왕은 군대를 보내 백제를 도와주었어요. 나제 동맹 이후 신라와 백제 사이에 처음으로 이루어진 군사 협력이었어요.

삼국사기 배움터

실성을 왕위에 올린 화백 회의

눌지가 아닌 고구려에 있었던 실성이 어떻게 내물왕의 뒤를 이어 왕이 되었을까요? 〈삼국사기〉에는 내물왕의 아들인 눌지가 나라를 다스리기에는 아직 어려서 '나라 사람들'이 실성을 왕으로 세웠다고 기록되어 있어요. 여기서 '나라 사람들'이란 높은 신분을 가진 관리들을 말해요. 이들은 '화백 회의'를 통해 실성을 왕위에 올린 것이지요. 화백 회의에서는 임금을 정하는 것과 같은 나라의 중요한 일을 만장일치로 결정했어요.

〈삼국유사〉에 따르면, 화백 회의의 장소는 금성 주변의 신령스러운 땅이라고 일컫는 '동쪽 청송산, 서쪽 피전, 남쪽 우지산, 북쪽 금강산'이라고 해요. 화백 회의와 비슷한 귀족 회의로는 백제의 정사암 회의, 고구려의 제가 회의가 있어요.

경주 표암
화백 회의가 처음으로 열린 곳이에요. 사로 6촌이 이곳에 모여 신라 건국을 의논했다고 전해져요.

잦은 침략을 극복한 제20대 자비 마립간

왜군과 고구려군의 침략에 시달렸어요

자비왕 시대에 신라는 왜의 잦은 침략에 시달렸어요. 자비왕 2년이던 459년에 왜군은 전함 100여 척으로 신라를 침략해 왕궁이 있는 월성을 포위했어요. 신라군은 성을 잘 지켜 낸 뒤, 후퇴하는 왜군을 뒤쫓아 크게 승리를 거두었어요. 3년 뒤에는 왜군이 활개성에 쳐들어와, 1천여 명을 포로로 잡아갔어요. 이듬해에 삽량성을 침략했을 땐, 신라군이 왜군을 기습해 승리했지요.

김씨 왕조 시대가 열리고 나라다운 모습을 갖추다

한편, 북쪽 국경으로는 고구려를 경계해야 했어요. 눌지왕 때 하슬라 성주와 고구려 장수의 사건 이후 두 나라 사이가 나빠졌거든요. 게다가 고구려가 백제를 침략하자 눌지왕이 군대를 보내 백제를 도와주는 등, 나제 동맹도 고구려에는 기분 나쁜 일이었지요.

자비왕 11년이던 468년, 고구려군이 말갈군 1만여 명과 함께 신라의 실직성(삼척)을 습격해 함락시키자, 자비왕은 15세 이상의 하슬라(강릉) 백성들에게 명령했어요.

"니하에 성을 쌓아 고구려의 공격을 막아라!"

니하는 신라와 고구려의 경계 지역이었지요.

이런 건 또 언제 만들었어!

요새 삼년산성과 일곱 성을 쌓았어요

고구려의 공격을 막은 자비왕은 도읍인 경주의 행정 구역을 정비했어요. 어려운 시기였지만 나라를 효율적으로 다스리기 위해서였지요. 그리고 계속되는 고구려의 위협에 470년부터 474년까지 삼년산성과 일곱 개의 성을 쌓아 대비했어요.

성을 쌓는 데 3년이 걸려 붙은 이름인 삼년산성은 돌로 쌓은 굳건한 성이었어요. 신라를 든든하게 지켜 준 삼년산성은 삼국 시대 이후에도 나라를 지켜 주는 역할을 했지요.

김씨 왕조 시대가 열리고 나라다운 모습을 갖추다

성 쌓는 일이 마무리되던 474년, 고구려 장수왕은 백제의 한성을 공격했어요. 자비왕은 백제에 구원병을 보냈으나 늦는 바람에 백제 개로왕이 전사하고 말았어요.

고구려군의 공격이 점차 거세지고 왜의 공격도 계속되자, 자비왕은 왕궁을 월성 동쪽에 있는 명활성으로 옮겨 고구려와 왜의 침략에 대비했어요. 명활성은 도읍을 지키기 위한, 군사적으로 매우 중요한 위치에 있었거든요. 자비왕의 철저한 준비 덕분에 신라는 이후 두 번에 걸친 왜군의 침략에도 끄떡없었어요.

성인으로 존경받은 제21대 소지 마립간

백성을 위한 정치를 했어요

소지왕은 자비왕의 큰아들이에요. 어려서부터 효심이 깊고 겸손해, 사람들이 좋아했어요. 479년, 왕위에 오른 소지왕은 우선 나라를 정비한 뒤에 백성들을 구제하고 경제 활동을 장려했어요.

가뭄이 들어 백성들에게 먹을 것이 부족했을 땐 창고에 있는 곡식을 풀어 나누어 주었고, 홍수가 났을 땐 직접 피해 입은 사람을 찾아가 위로하며 피해를 입은 정도에 따라 곡식을 주었지요.

김씨 왕조 시대가 열리고 나라다운 모습을 갖추다

소지왕 9년인 487년에는 신라에 처음으로 우역을 설치했고, 도로를 수리했어요. 우역과 잘 닦여진 도로를 통해 중앙의 명령이나 문서가 지방까지 이전보다 편리하게 전달될 수 있었지요. 소지왕 12년이던 490년에는 처음으로 경주에 시장을 만들었어요. 백성들은 물건을 사고팔며 활발한 경제 활동을 했어요.
이처럼 백성들을 위한 정치를 펼친 소지왕은 사람들에게 성인이라는 칭송을 받았어요.

★**우역** 지금의 우체국과 역의 일을 하던 곳이에요.

고구려의 계속된 침략과 백제와의 혼인 동맹

소지왕 때도 고구려의 공격은 계속되었어요. 소지왕 3년이던 481년에 고구려와 말갈 연합군이 신라 북쪽의 호명성 등 일곱 개의 성을 함락시키고, 도읍의 바로 근처인 미질부를 향해 쳐들어왔어요. 위기에 빠진 신라는 백제와 가야에 구원군을 요청해 미질부에서 배수진을 치고 방어했어요. 마침내 신라, 백제, 가야 연합군은 고구려군을 막아 내고 크게 승리를 거두었어요.

김씨 왕조 시대가 열리고 나라다운 모습을 갖추다

3년 뒤 고구려의 공격은 다시 시작되었고, 이번에도 신라와 백제 연합군이 고구려군을 모산성에서 물리쳤어요. 이후 소지왕은 삼년산성과 굴산성을 수리해 고구려의 공격에 대비했어요.

소지왕 15년이던 493년, 신라는 백제 동성왕의 요청에 따라 혼인 동맹을 맺어 고구려를 경계했어요. 이듬해 신라군이 견아성에서 고구려군에게 포위당했을 땐 백제가 군대를 보내 신라를 도왔고, 고구려군이 백제 치양성을 공격했을 땐 소지왕이 백제를 도와주었지요.

국호를 정하고 제도를 정비한 제22대 지증 마립간

순장을 금지하고 소를 이용해 농사를 지었어요

500년, 소지왕의 육촌 동생인 지증왕이 64세에 왕위에 올랐어요. 이 시기에는 신라를 괴롭혔던 고구려의 공격은 멈췄으나, 신라와 백제의 관계가 불편해졌어요. 501년, 백제 동성왕은 신라의 침입에 대비할 목적으로 탄현에 목책을 세우기까지 했지요.

김씨 왕조 시대가 열리고 나라다운 모습을 갖추다

지증왕은 15년 동안 왕위에 있으면서 많은 일을 했어요. 502년, 지증왕은 우선 순장을 금지시켰어요.

"임금이 죽으면 남녀 각각 다섯 명씩 순장하던 것을 금지하라!"

순장은 왕이 죽을 때 사람이나 동물을 함께 묻는 것을 말해요.

이어 지증왕은 농사짓는 일을 장려했는데, 이때 신라에서는 처음으로 소를 이용해 논과 밭을 갈았어요.

나라 이름을 '신라'로 하고 '왕'의 칭호를 사용했어요

지증왕 4년이던 503년에 신하들이 왕 앞에 모여, 나라 이름을 '신라'로 하자고 건의했어요.

"지금까지 나라 이름을 정하지 않고 '사라'라고도 하고, '사로' 혹은 '신라'라고도 했습니다. 하지만 이제부터 어질고 좋은 일이 날마다 새롭다는 뜻의 '신(新)'과 천하를 포함한다는 뜻의 '라(羅)'를 합친 '신라'를 나라 이름으로 삼는 것이 좋겠습니다."

임금님께 딱 어울리는 이름인 것 같습니다.

김씨 왕조 시대가 열리고 나라다운 모습을 갖추다

그리고 지금까지 이사금, 마립간 등으로 부르던 임금의 칭호도 '왕'으로 부르자고 했어요. 지증왕은 신하들의 의견을 받아들였어요. 이외에 지증왕은 장례를 치르고 제사를 지낼 때 입는 상복에 관한 법도 만들어 시행했으며, 지방을 주, 군, 현으로 나누어 관리했어요. 한편, 삼척 지역에 실직주를 설치해 이사부를 군주로 삼았는데, 이때부터 군주라는 명칭도 시작되었어요.

★**실직주** 지금의 강원도 삼척 지역으로, 실직성이 있던 곳이에요. 신라와 고구려가 맞닿아 있어서 두 나라 사이에 분쟁이 자주 일어났어요.

그건 그렇지.

우산국을 정벌했어요

지증왕은 관리에게 명령해 겨울에 얼음을 저장하도록 했어요. 겨우내 저장한 얼음은 여름에 음식물 아래에 두는 데 사용했어요. 또 강과 바다에서 배를 이용하는 법을 정하고 시장을 더 넓히는 등, 지증왕은 나라에 필요한 여러 제도를 만들어 실시했어요.

지증왕 13년이던 512년 여름에는 이사부에게 우산국 정벌을 명령했어요.

김씨 왕조 시대가 열리고 나라다운 모습을 갖추다

우산국은 지금의 울릉도와 독도로, 지형이 험한 곳이었어요. 이사부는 계략을 써서 우산국을 항복시키기로 했지요.

이사부는 병사들이 만든 나무 사자를 배에 가득 싣고, 우산국 해안에서 사람들에게 사나운 짐승을 풀 것처럼 속이며 협박했어요. 그 말에 속은 사람들은 두려워하며 항복했지요. 이후, 지증왕은 우산국 사람들을 신라 백성으로 삼았어요.

삼국사기 놀이터

신라는 본격적으로 김씨 왕조 시대가 열리면서 나라의 모습이 완성되어 갔어요. 아래 그림을 보고 어느 왕의 업적인지 빈칸에 왕의 이름을 써 보세요.

- 인질로 잡혀 갔던 두 동생을 구했어요.

- 백제와 '나제 동맹'을 맺었어요.

- 삼년산성을 쌓았어요.

- 고구려가 백제를 침략하자 백제에 구원군을 보냈어요.

- 시장을 만들었어요.
- 백제 동성왕과 혼인 동맹을 맺었어요.

- 나라 이름을 신라로 정했어요.
- 우산국을 정벌했어요.

삼국사기 놀이터 정답

▼ 40~41쪽

▼ 66~67쪽

▼ 100~101쪽

▼ 136~137쪽

▼ 174~175쪽

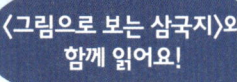

《그림으로 보는 삼국사기》 시리즈는 전 5권입니다.

1권 　고구려 본기
2권 　백제와 신라 본기
3권 　신라 본기와 후삼국
4권 　삼국을 빛낸 인물 열전
5권 　열전과 잡지

《그림으로 보는 삼국지》와 함께 읽어요!